口絵1　里山環境の破壊と保全
上：産業廃棄物置き場となっている谷戸（2007年5月．東京都八王子市上柚木．→ p.63）．
下：修復され，田植えの準備が整った谷戸（2007年5月．東京都町田市図師．→ p.67）．

口絵2　里地・里山の変化と野生動物
左：耕作放棄地跡のササ藪にできた獣道を通って里地に侵入するシカ（2010年6月．滋賀県比良山地山麓部．→ p.74）．
右：シシ垣を乗り越えて里地に侵入するサル（2009年11月．滋賀県比良山地山麓部．→ p.78）．

口絵3　なごみの塔からみた竹富島の風景
2005年7月. → p.140

口絵4　アイヌによるエコツアー
伝統的な楽器「トンコリ」を持ち，先住民族の視点から自然を説明するアイヌのガイド(2005年7月．知床世界遺産.→p.162).

口絵5　スカルバレーゴシュートインディアン居留地
アメリカ合衆国ユタ州北西部の砂漠地帯(2010年10月　鎌田遵 撮影. → p.185).

地域環境の地理学

杉浦芳夫・編著

朝倉書店

執筆者一覧 (執筆順)

三上岳彦	(みかみ たけひこ)	帝京大学文学部
鈴木康弘	(すずき やすひろ)	名古屋大学減災連携センター
淺野敏久	(あさの としひさ)	広島大学大学院総合科学研究科
林　琢也	(はやし たくや)	岐阜大学地域科学部
岡橋秀典	(おかはし ひでのり)	広島大学大学院文学研究科
岡　秀一	(おか しゅういち)	専修大学大学院文学研究科, 明治大学大学院文学研究科, 法政大学大学院人文科学研究科
高橋春成	(たかはし しゅんじょう)	奈良大学文学部
荒木一視	(あらき ひとし)	山口大学教育学部
岩間信之	(いわま のぶゆき)	茨城キリスト教大学文学部
寺本　潔	(てらもと きよし)	玉川大学教育学部
貞広幸雄	(さだひろ ゆきお)	東京大学大学院工学系研究科
貞広斎子	(さだひろ さいこ)	千葉大学教育学部
*杉浦芳夫	(すぎうら よしお)	首都大学東京都市環境学部
福田珠己	(ふくだ たまみ)	大阪府立大学現代システム学域
小野有五	(おの ゆうご)	北海道大学大学院地球環境科学研究院
村田陽平	(むらた ようへい)	京都大学次世代研究者育成センター
石山徳子	(いしやま のりこ)	明治大学政治経済学部

＊は編集者.

序

　2011年に完結した『シリーズ人文地理学』（全10巻，朝倉書店）は近年の人文地理学の主な研究分野について概観したものであるが，「空間」をキーワードにしたこともあって，「環境」をめぐるテーマについては取り上げることができなかった．地理学の環境研究は，19世紀に近代地理学の礎を築いた最後の博物学者アレキサンダー・フォン・フンボルト（Alexander von Humboldt）の中南米における自然観測調査以来の長い伝統を持つ．しかし，当時の環境は自然環境のみを指し，長い間，地理学の環境は自然環境の意味で使われることが多かった．しかも，後の地政学の分野形成に大きな影響を与えたことでも知られるドイツ地理学者フリードリッヒ・ラッツェル（Friedrich Ratzel）の自然環境決定論に代表されるように，もっぱら自然環境は人間に様々な影響を与えるものとしてみなされがちであった．

　その風向きが変わってきたのは，第二次世界大戦後，先進諸国で多発する公害問題からである．むしろ人間のほうが自然環境を破壊する役割を演じるようになったのである．公害問題は，環境は人間に影響を与えるばかりでなく，人間からも影響を与えられる存在であることを改めてわれわれに認識させたのである．また，環境とは人間を取り巻く外界のことであるので，必ずしも自然環境にだけ限定されるものでないことも，この30年ほどの間に一般の理解を得るようになってきたと思われる．

　こうしたことを念頭に置きつつ，主に人文地理学の分野を中心にして，人間と環境との関わりに関する研究テーマを，大学教養教育課程の学生を含む一般向けに紹介してみようとしたのが，本書である．地理学が対象とする環境であるので，空間スケールで言えば，主に地域的スケールである．本書の題名はそのことを意識してつけられている．テーマによっては自然地理学を専門とする方に執筆者に加わっていただいている．とりわけ第Ⅲ部の「都市と環境」では，社会環境，歴史的環境など，環境概念を広く捉えたテーマ紹介となっている．個々のテーマの紹介方法は，分野展望的なものから事例研究的なものまで様々であるが，いずれも各執筆者の研究成果を踏まえたものであることは共通して

いる．いずれにしても，地理学という学問の性格を反映して，紹介するテーマは多岐にわたっている．

欧米での研究蓄積を視野に入れれば，この他に，環境パーセプション，政治生態学（Political Ecology）のテーマも取り上げたかったが，種々の事情で今回は省かざるをえなかった．2011年3月に起こった東日本大震災を経験した現在では，この2つの研究テーマは「環境正義」とともに重要性がさらに増しているように思われる．なお，本書が一般向け図書であるという点から，各章ごとにコラム欄を設け，当該テーマに関連した地理学の専門研究分野，そして必要ならば分析方法などの紹介も簡単に行った．最後に用語について一言補足すれば，本書では，「一般の食べ物」と「主食」の両方の意味で「食料」の語を使用していることを断っておきたい．

2012年2月

厳寒の八王子・南大沢にて　杉浦 芳夫

各章で取り上げる主な地域

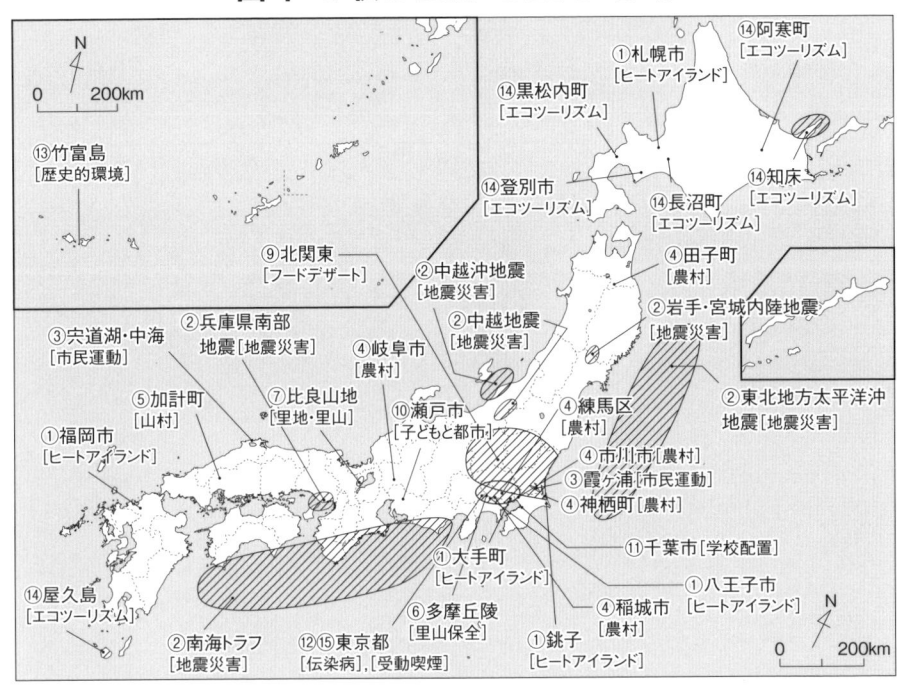

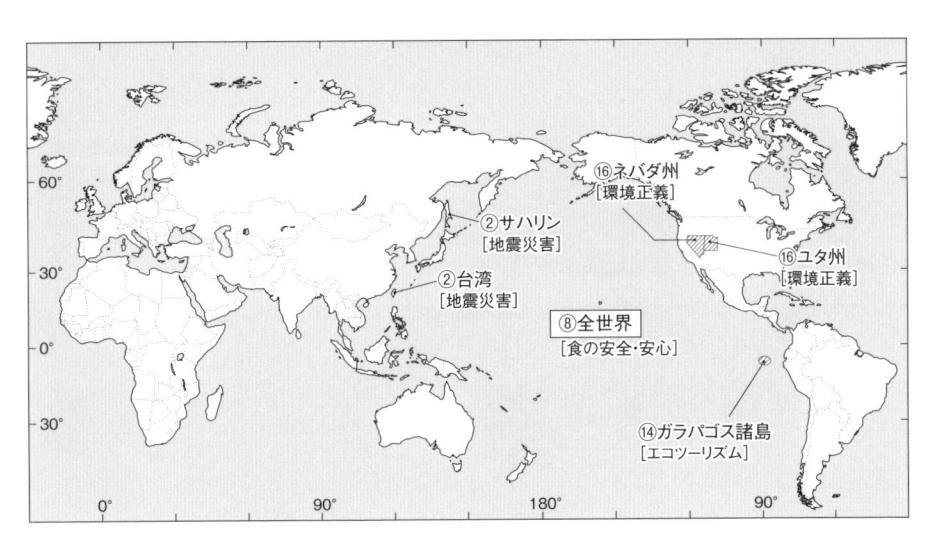

①札幌市[ヒートアイランド]
⑭阿寒町[エコツーリズム]
⑭黒松内町[エコツーリズム]
⑭知床[エコツーリズム]
⑭登別市[エコツーリズム]
⑭長沼町[エコツーリズム]
④田子町[農村]
⑬竹富島[歴史的環境]
⑨北関東[フードデザート]
②中越沖地震[地震災害]
②中越地震[地震災害]
②岩手・宮城内陸地震[地震災害]
③宍道湖・中海[市民運動]
兵庫県南部地震[地震災害]
④岐阜市[農村]
②東北地方太平洋沖地震[地震災害]
⑤加計町[山村]
⑦比良山地[里地・里山]
⑩瀬戸市[子どもと都市]
④練馬区[農村]
①福岡市[ヒートアイランド]
④市川市[農村]
③霞ヶ浦[市民運動]
④神栖町[農村]
①大手町[ヒートアイランド]
⑪千葉市[学校配置]
⑭屋久島[エコツーリズム]
⑥多摩丘陵[里山保全]
①八王子市[ヒートアイランド]
②南海トラフ[地震災害]
⑫⑮東京都[伝染病],[受動喫煙]
④稲城市[農村]
①銚子[ヒートアイランド]

⑯ネバダ州[環境正義]
②サハリン[地震災害]
⑯ユタ州[環境正義]
②台湾[地震災害]
⑧全世界[食の安全・安心]
⑭ガラパゴス諸島[エコツーリズム]

目　　次

【第Ⅰ部　自然環境と社会】

1. ヒートアイランド ……………………………………（三上岳彦）…1
　1.1　ヒートアイランドの実態　1
　1.2　ヒートアイランドの形成要因　6
　1.3　都市内緑地のクールアイランド効果　9
　　コラム［気候学］　11

2. 地震災害と変動地形学——地震発生予測への貢献 …………（鈴木康弘）…12
　2.1　地形学と自然災害　12
　2.2　地震災害研究における地形学の役割　12
　2.3　1990年代の内陸地震における活断層と震源断層との関係　14
　2.4　2000年代の内陸地震における活断層と震源断層との関係　18
　2.5　東日本大震災が提起した問題　21
　2.6　おわりに——変動地形学の今後の課題　22
　　コラム［地形学］　23

3. 環境問題に関わる市民運動と地域 ………………………………（淺野敏久）…26
　3.1　地理学における市民運動研究　27
　3.2　土地利用や景観への影響　28
　3.3　市民団体と行政や住民との関わり　30
　3.4　環境市民社会の実現に向けて　33
　　コラム［社会地理学］　34

【第Ⅱ部　農山村と環境】

4. 農村の環境問題 ……………………………………………（林　琢也）…36
　4.1　農村における環境問題の諸相　36
　4.2　都市スプロール——農地の維持か転換か？　37
　4.3　耕作放棄地の増加——新たな活用の可能性　40
　4.4　農村に忍び寄る黒い影——不法投棄と迷惑施設の立地　42
　4.5　農村の環境問題の解決に向けて　45
　　コラム［農村地理学］　46

5. 山村の環境問題 ……………………………………………（岡橋秀典）…49
　5.1　日本の山村——過疎化とグローバル化の中で　49
　5.2　山村問題と環境問題　51
　5.3　山村の環境保全と土地問題　56
　5.4　持続可能な山村の構築に向けて　58
　　コラム［山村地理学］　59

6. 里山環境の破壊と保全 ……………………………………（岡　秀一）…60
　6.1　里山とは何か？　60
　6.2　里山の危機　62
　6.3　里山の保全　65
　　コラム［植生地理学］　68

7. 里地・里山の変化と野生動物 ……………………………（高橋春成）…70
　7.1　人の生活空間と野生動物の生息域の境界　70
　7.2　シシ垣の構築　71
　7.3　圏構造の崩壊　73
　7.4　里地に侵入する野生動物　73
　7.5　GPSテレメトリー調査からみたイノシシの環境選択　75
　7.6　海を泳ぐイノシシ　77

目　次　　　　　　　vii

 7.7　里地に侵入するシカ，クマ，サル　77
  コラム［生物地理学］　79

8. 食の安全・安心そして良質食品 ……………………（荒木一視）…80
 8.1　食の安全・安心と地理学　80
 8.2　食の安全・安心に関わる今日的課題　83
 8.3　良質食品とは　86
  コラム［農業地理学］　88

【第Ⅲ部　都市と環境】

9. 都市のフードデザート ……………………………（岩間信之）…90
 9.1　フードデザートの定義と海外の事例　90
 9.2　日本におけるフードデザート問題　93
 9.3　日本におけるフードデザートの発生要因　97
  コラム［商業地理学］　98

10. 子どもと都市環境 …………………………………（寺本　潔）…101
 10.1　地理学から接近した子どもの世界　101
 10.2　都市環境で生活する子どもにとっての「場所」の意味　102
 10.3　都市環境に残る「怖い場所」　106
 10.4　子ども道の役割　108
 10.5　おわりに――現代の都市環境と子どもの生活　110
  コラム［地理教育］　111

11. 学校適正配置へ向けた計画立案支援手法の提案と適用
  ……………………………………（貞広幸雄・貞広斎子）…113
 11.1　計画立案支援手法　113
 11.2　適用例　117
 11.3　納得解での学校適正配置に向けて　121

コラム［GIS（地理情報システム）］122　　［オペレーションズリサーチ］122

12. 近代都市と伝染病の流行
　　──明治28年の東京府におけるコレラの流行 ……………(杉浦芳夫)…124
　12.1　明治期のコレラ流行研究に対する地理学からの貢献に向けて　124
　12.2　流行の概略　125
　12.3　流行地区の因子分析　129
　12.4　計量分析から得られた知見　134
　　コラム［計量地理学］134　　［因子分析］135

13. 歴史的環境の保存 …………………………………………(福田珠己)…138
　13.1　身近な例から　138
　13.2　竹富島がたどってきた道　138
　13.3　複眼的な考察の可能性　140
　13.4　プロセスとしての歴史的環境保存　148
　　コラム［文化地理学］148

【第Ⅳ部　環境研究のフロンティア】

14. エコツーリズム ………………………………………………(小野有五)…151
　14.1　エコツーリズムの定義　152
　14.2　エコツーリズムの構成要素　156
　14.3　北海道でのエコツーリズム　159
　　コラム［環境地理学］162

15. 健康と社会環境──日本の受動喫煙問題 ………………(村田陽平)…164
　15.1　路上禁煙地区の広がり　164
　15.2　環境タバコ煙による受動喫煙症　165
　15.3　受動喫煙症患者の職場環境　168
　15.4　受動喫煙のない社会環境へ　173

コラム［質的方法］ 175 ［健康の地理学］ 176

16. 環境正義―高レベル放射性廃棄物処分とアメリカ先住民
....（石山徳子）…178
16.1 環境正義とは？ 178
16.2 アメリカの高レベル放射性廃棄物政策 179
16.3 ヤッカマウンテン計画とウェスタンショショーニの人々 181
16.4 スカルバレーゴシュートインディアン居留地の放射性廃棄物暫定貯蔵計画 183
16.5 おわりに 186
コラム［環境論］ 187

索引 189

I　自然環境と社会

1　ヒートアイランド

　都市が高温化する「ヒートアイランド現象」は，欧米の諸都市ではすでに19世紀から認められており，日本でも1930年代の旧東京市で早春夜間に行われた移動観測において都心部と郊外の気温差が5℃あったことが報告されている（福井・和田，1941）．
　こうした背景の下に，ヒートアイランド研究も盛んに行われるようになり，新しい研究手法の開発や，それに基づく新たな研究成果が生み出されつつある．従来，都市のヒートアイランド研究では，気候学的研究（都市高温化の実態やメカニズムの解明を目指す）と，都市工学的研究（ヒートアイランド対策に視点をおく土木・建築学など）が個別に行われてきた．さらに，夏季の高温化による熱中症患者数の増加や，動植物生態系への影響などの問題に関心を持つ医学・生理学や生物生態学の専門家による研究も進みつつある．
　本章では，東京をフィールドに筆者らが行ってきた一連の観測調査結果を紹介しながら，気候学的な視点からヒートアイランドを論じたい．

1.1　ヒートアイランドの実態

1.1.1　長期変動傾向

　地球の年平均気温は過去100年間（1906〜2005年）に0.74℃上昇した（IPCC，2007）．一方，東京都心部（大手町）の年平均気温は同じ100年間に3.07℃上昇している（図1.1）．これは地球温暖化の約4倍に相当するが，年平均気温の変動だけから都市の高温化を論じてよいのだろうか．気温上昇率からみると，図1.2に示すように日最低気温の上昇率（3.8℃/100年）が日最高気温の上昇率（1.7℃/100年）の2倍以上になっている．したがって，両者の差で求まる気温日較差が小さくなる傾向が明瞭に認められる．季節別に気温上昇率を求めると，東京では冬季（12月〜2月）の日最低気温が+4.8℃/100年で最も大きく，夏

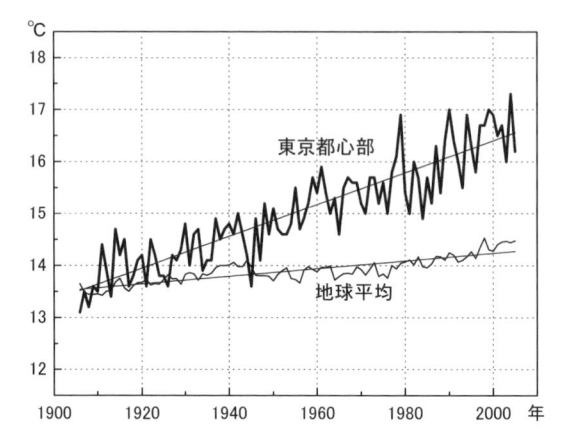

図 1.1 東京都心部と地球の年平均気温長期変動（1906～2005年）と回帰直線

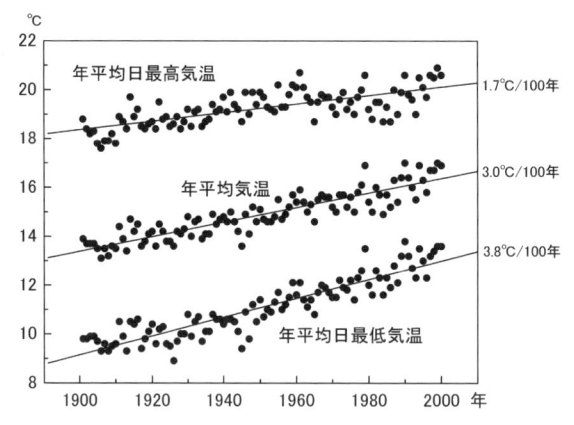

図 1.2 東京都心部における年平均気温（日最高，日平均，日最低）の長期変動と回帰直線

季（6月～9月）の日最高気温が+1.4℃/100年で最も小さい．

1.1.2 国内諸都市間の比較

　20世紀100年間の観測データに基づいて，国内諸都市の気温変化傾向を比較してみよう．図1.3は，人口規模が1,000万の東京，100～200万の札幌，福岡，そして10万未満の銚子について，年平均気温の変化を示したものである．
　例えば銚子は千葉県の東端に位置し周囲を太平洋に囲まれており，人口増加

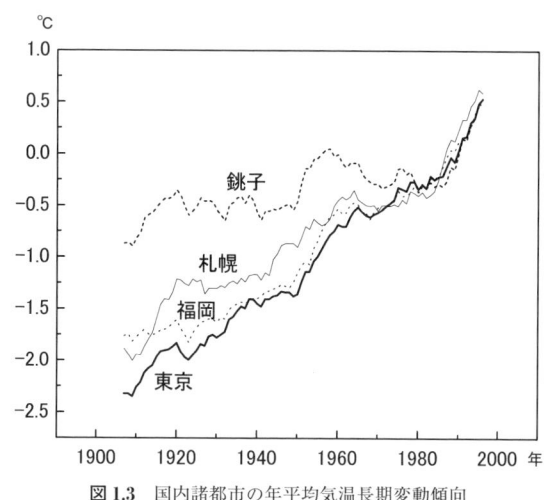

図 1.3 国内諸都市の年平均気温長期変動傾向
11年移動平均値：平年値（1971〜2000年）からの偏差で示す．

率も小さく都市化の影響を受けにくいため，100年間の気温上昇率は約1℃で他の諸都市に比べるとかなり小さい．一方，東京の気温上昇率は100年間で約3℃と全国最大になっている．

興味深いのは，銚子の気温が1960年代から1980年代にかけてやや低下する傾向を示している点で，日本の他の都市とは明らかに異なる変化傾向が認められる．IPCC（気候変動に関する政府間パネル）の報告書（2007）でも指摘されているように，北半球の平均気温は1940年代中頃から1970年代末にかけて一時的な低下傾向を示しており，銚子の気温はローカルな都市化要因よりもグローバルな気候変動を反映している可能性が高い．

過去100年間について東京の年平均気温から銚子の年平均気温を差し引いてグラフに表してみると，図1.4に示すようにほぼ直線的に上昇していることがわかる．ちなみに年平均気温差の上昇率は100年間で約2℃となり，これは東京の都市化による気温上昇分とみなすことができる．

1.1.3 ヒートアイランドの空間分布

次に，東京のヒートアイランドの空間分布について考えてみたい．図1.5は，東京都内と周辺部約200地点に気温自動測定記録装置を臨時に配置して求めら

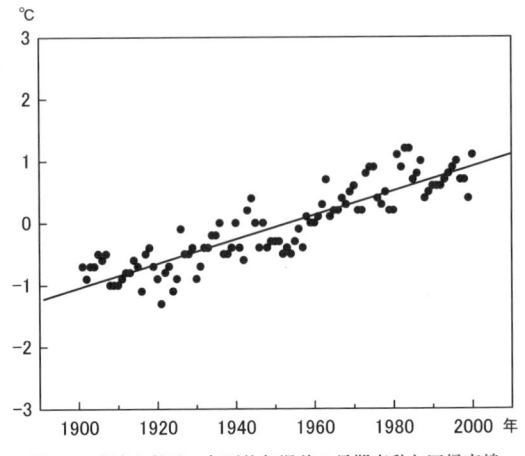

図 1.4 東京と銚子の年平均気温差の長期変動と回帰直線

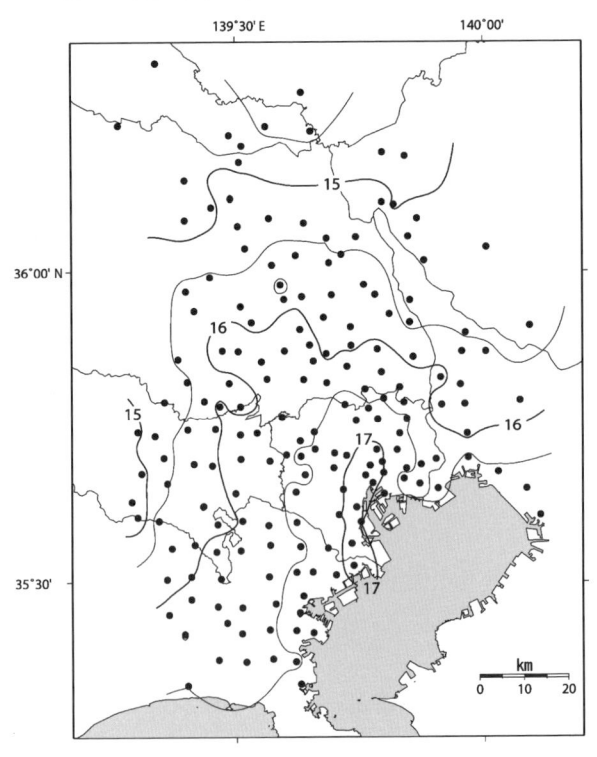

図 1.5 東京と周辺部の年平均気温分布（単位：℃）
2006 年 8 月〜2008 年 7 月.

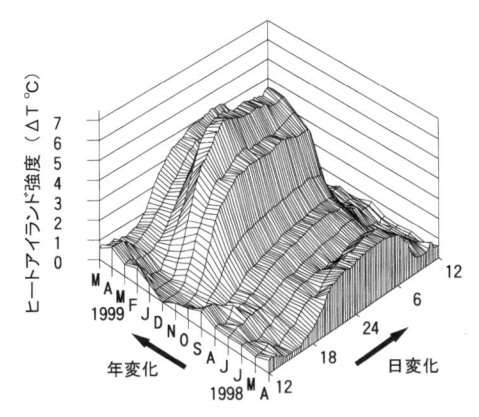

図1.6 ヒートアイランド強度の年変化と日変化（1998年4月〜1999年3月）

れた年平均気温の詳細な分布を示している．都心部では17℃以上の高温域が広がるが，西の郊外や埼玉県北部では15℃以下の地域も存在し，両者の気温差（ヒートアイランド強度）は年平均値で2℃を超えている．

ヒートアイランド強度の年変化と日変化を3次元的に表現してみたのが図1.6である．この図から，ヒートアイランド強度の明瞭な日変化と年変化が読み取れる．ヒートアイランド強度が最大になるのは冬季の夜間から早朝にかけて，日最低気温の出現する頃で，6〜7℃近くに達している．反対に，ヒートアイランド強度が最も弱まるのは夏季の午後で1℃以下になる．夏季でも，夜間から早朝にかけてヒートアイランド強度は強まるが，冬季に比べると半分以下と小さい．具体的な事例でみるとわかりやすい．図1.7は，典型的な冬の晴天日（2010年1月17日）における都心部（大手町）と郊外（八王子）の気温変化を比較したものである．夜間から早朝にかけて，郊外では気温低下が著しく，早朝には−5℃まで低下している．一方，都心部では夜になってもあまり気温が下がらず，早朝6時には両地点の気温差（ヒートアイランド強度）は7.7℃に達している．これは，郊外では，風の弱い晴天夜間に放射冷却（地表面からの熱が奪われる）が強まり，都心部よりも気温の低下が大きくなることによる．

一方，夏季のヒートアイランドはどうなっているだろうか．大都市では，日最低気温が25℃以上の「熱帯夜」日数が過去100年間に急増しており，特に1990年代に入ると，東京都心部（大手町）で年間40日を超える年も珍しくな

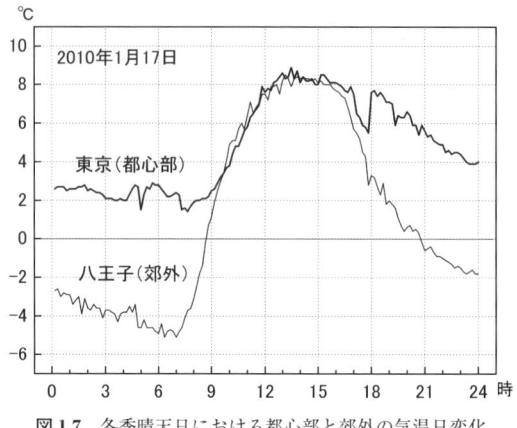

図 1.7 冬季晴天日における都心部と郊外の気温日変化

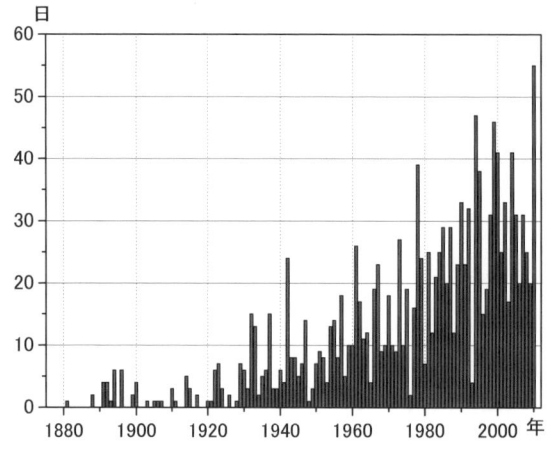

図 1.8 東京都心部における熱帯夜日数の経年変動（1881～2010 年）

くなっている（図 1.8）．

1.2 ヒートアイランドの形成要因

それでは，なぜ都市は周辺に較べて気温が高くなるのだろうか．都市が高温化する要因は大きく分けて2つある．1つは，都市部では人工排熱が周辺郊外地域よりも大きいことが挙げられる．もう1つは都市表面構造が人工化するこ

とである．どちらの要因が，より強く都市の高温化に寄与しているのかについては一概に言えないが，それぞれの要因について詳しく掘り下げてみたい．

1.2.1　人工排熱の増加

第1の要因である都市域での人工排熱については比較的理解しやすい．都市域では人口が集中し，エネルギー消費量が増加の一途をたどっている．人工排熱の原因である人為的なエネルギー消費量を正確に求めるのは容易ではないが，工場や事業所，住宅，自動車などから排出される熱量は膨大である．東京都の調査によると，1994年度における都内の人工排熱量の推計値は区部で1日平均 24 W/m^2 になる．東京地域で受け取る年間平均日射量は約 130 W/m^2 であるから，東京区部の人工排熱量は日射エネルギーの20%近くにも達する計算になる．都内でも，オフィスビルが集中し自動車交通量の多い都心部では 40 W/m^2 以上に達しており，局所的には 100 W/m^2 を超えてほぼ日射量に匹敵するエネルギーを排出している．

人工排熱は直接大気を加熱して気温上昇に拍車をかける．とりわけ，夏季日中の高温出現時には都心部の冷房需要はピークに達し，エアコンの室外機や高層ビルの屋上に設置された冷却塔からの排熱が気温を上昇させるため，さらに冷房需要を増大させるという悪循環を生み出すことになる．

1.2.2　都市表面構造の人工化

次に，第2の要因である都市表面構造の人工化について考えてみたい．これは2つに大別して考えるとわかりやすい．

a. 地表面のコンクリート・アスファルト化

1つめは，地表面の人工化である．図1.9は，東京都心部の地表面を上空から撮影したもので，東京駅を中心に周辺には高層ビルが建ち並び，背後には密集した中低層の建物群が広がっている様子が読み取れる．一方，左手前には皇居の堀や緑もあり，都会のオアシスとなっている．コンクリートやアスファルトは，日中に日射エネルギーを吸収し，夏季の表面温度はしばしば 50°C を超える．夏の炎天下で暑く感じるのは，日射に加えて高温のコンクリート面からの放射熱が加わるためである．夜間になっても，それらの表面温度は気温よりも

図 1.9 上空から見た東京都心部
東京駅とその周辺．左手前に皇居がある．

高いため周囲の大気を加熱し続ける．これに前述の人工排熱が加わり，都市部では夜間の気温低下が大幅に抑制される．これが熱帯夜を増加させる主な要因である．

b. 緑地・水面の減少

2つめは，緑地・水面の減少である．これは，前述の要因のコンクリート・アスファルト化の裏返しといってもよい．東京では多くの中小河川が改修されたり，暗渠（地下に埋設された水路や表面を覆われた水路）になったりしており，水面の占める割合が大きく減っていることから，水面からの蒸発による気化熱の効果も弱まっている．幸いなことに，荒川，隅田川，多摩川といった比較的大きな河川の水面は保全されており，東京湾から吹き込む冷涼な海風を都内に導いてヒートアイランドを緩和する「風の道」としても有効に働いている．

水面とともに気温上昇を抑制する効果の高い緑地も，戦後，著しく減少している．都市化の進展は，郊外では畑地や森林をつぶして住宅地を広げ，都心部では木造の低層建造物からコンクリート造りの中高層建造物への転換という形で緑地の大幅な減少をもたらした．緑地の減少に起因する気温上昇を見積もるのは困難であるが，次に述べる緑地の存在が周辺市街地の高温化を幾分かでも抑制する効果は十分に期待できる．

1.3 都市内緑地のクールアイランド効果

　都市内に散在する様々な規模の公園緑地には，市民の憩いの場としてだけでなく，周辺市街地の高温（ヒートアイランド）を緩和したり，自動車排ガスによる大気汚染を浄化したりする役割が期待される．ここでは，東京都内有数の大規模緑地として知られる新宿御苑での観測事例をもとに，都市内緑地のクールアイランド効果について考えてみたい（成田ほか，2004）.

　新宿御苑は総面積 58.7 ha で，日本庭園やフランス式庭園をはじめ，樹林地や芝生地の広がる大規模緑地である（図 1.10）．一般に，緑地内では樹木や芝生などの葉面からの蒸散作用で気化熱が奪われるため，日中はコンクリートで覆われた周辺市街地よりも低温になり，クールアイランドを形成する．また，静穏（無風）な晴天夜間には，芝生や樹冠の表面からの放射による冷却作用で冷たい空気が蓄積されやすい．実際，緑地内と周辺市街地で同時に気温を観測してみると，昼夜を問わず緑地内は周辺市街地よりも 1～4℃ほど低くなっている．

　このような緑地内の冷たい空気を周辺市街地に流出させることができれば，ヒートアイランドによる都市の高温化を緩和することが可能になる．そこで，新宿御苑内と周辺市街地に多数の気象観測機器を設置し，緑地内の冷たい空気

図 1.10　上空から見た新宿御苑と周辺市街地

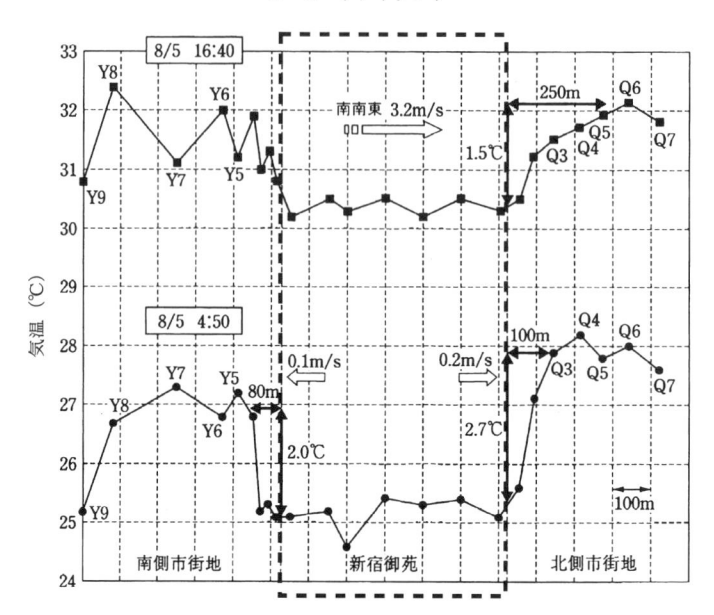

図 1.11 新宿御苑と周辺市街地の気温南北断面図（2000 年 8 月）
Y，Q はそれぞれ南側，北側市街地に設置した温度記録計のコード番号を示す．
破線で囲まれた範囲が新宿御苑．

の流出を実測する試みを行った．結果，夏季日中には卓越する南よりの風によっ
て御苑北側の市街地に冷気が流出し，緑地から直線距離で約 250 m の範囲で最
大 2℃ 程度の気温低下をもたらすことが明らかになった．また，静穏で晴れた
夜間には，緑地内の冷気が周辺市街地に 80〜100 m ほど滲み出し，約 2℃ ほど
気温を下げる効果のあることが実証された（図 1.11）．

　ここで紹介した新宿御苑は都内でも有数の大規模緑地であり，冷気流出の程
度も小規模な公園緑地に比べると大きいと考えられる．面積 10 ha 程度の中規
模公園緑地や街角の児童公園，神社の森など小規模な緑地であっても，周辺市
街地よりは低温になっており，明瞭なクールアイランドを形成することが筆者
らの観測によっても確かめられている．したがって，規模の大小を問わず，で
きるだけ数多くの公園緑地やオープンスペースを都市内に配置することが，
ヒートアイランド緩和の観点からも重要であろう．

◆気候学

　気候学は，気象学などの自然科学的知識をベースに人間社会と気候との関わりを解明しようとする学問であり，本来は自然地理学の重要な研究分野として発展してきました．しかし，近年は地球温暖化をはじめとする気候変動問題や都市のヒートアイランドなどの都市環境問題に対する社会の関心が高まり，広い意味での大気科学や環境科学の一分野としても認知されるようになっています．対象とする空間スケールから，グローバル気候，大気候，中気候，小気候，微気候といった分類がなされる一方，研究対象や研究手法から，物理気候学，農業気候学，都市気候学，生気候学，気候変動論といった分け方をすることも多くなっています．

［三上岳彦］

引用文献

成田健一・三上岳彦・菅原広史・本條　毅・木村圭司・桑田直也（2004）：新宿御苑におけるクールアイランドと冷気のにじみ出し現象．地理学評論，**77A**：403-420．

福井英一郎・和田憲夫（1941）：本邦の大都市における気温分布．地理学評論，**17**：354-372．

IPCC（2007）：*Climate Change 2007 - The Physical Science Basis - Contribution of WG I to the 4th Assessment Report of the IPCC*, Cambridge University Press.

I 自然環境と社会

2 地震災害と変動地形学
——地震発生予測への貢献

2.1 地形学と自然災害

　地形学ほど自然災害の基礎を学ぶ上で有用な学問は少ない．特に湿潤変動帯に位置する日本列島においては，洪水や地震・火山活動などの繰返しが地形発達に大きく影響しているため，地形形成の過程を調べることは自然災害を知ることに他ならない．

　地形形成プロセスを力学的に解明する地形営力論的研究は，河川工学や地盤工学の基礎となる．地球環境変動に応じた地形形成過程を解明する地形発達史的研究は，自然災害発生の履歴および時空間分布を知ることに役立つ．ここでは後者の立場から，地震災害研究に対して地形学がいかに貢献しうるかについて，筆者が調査に携わった1995〜2010年に発生した地震を例に述べる．

　2011年3月に発生した東日本大震災は，東北地方の太平洋岸の地形を一変させ，自然の猛威を見せつけた．従来の地震予測や津波予測をはるかに超え，地震予測研究や津波防災研究に一石を投じた．従来の予測のどこに問題があり，今後どうしていくべきかについて，地形学的な観点から最後に議論したい．

2.2 地震災害研究における地形学の役割

　大規模な震源断層の活動は，陸域・海域を問わず地表変形を伴い，地形にその痕跡（断層変位地形）を残す．また，長期にわたる断層活動の繰返しによる変位の累積は，結果的に海溝や山脈など中〜大地形も形成し，複合的な変動地形を形成することになる．

　明治後期以降の近代地形学において，断層運動と地形発達に関する研究が山崎直方，辻村太郎らによって精力的に進められた．多田文男は北丹後地震直後の1927年に「活断層」の概念を提唱し，1960年代以降に活断層研究が開花す

るきっかけをつくった．貝塚爽平，松田時彦，岡田篤正，太田陽子，米倉伸之，中田 高をはじめとする研究者は，変動地形学的な活断層の認定法を確立し，『日本の活断層』（活断層研究会，1980）を刊行した．その後も『新編 日本の活断層』（活断層研究会，1991），『都市圏活断層図』（国土地理院，1996～），『活断層詳細デジタルマップ』（中田・今泉，2002），『第四紀逆断層アトラス』（池田ほか，2002）などが刊行され続けた．

　しかし，「地形を調べることで，将来地震を発生させ得る地下の活断層を見出すことができる」ということは，関連分野において決してすぐに認められたわけではない．地形形成過程の分析によって地殻変動の影響を評価できることや，変動地形から地下の断層運動の概要がつかめること（渡辺・鈴木，1999）などは，地形学的には常識であっても一般にはなかなか認められにくかった．1980年代以降，トレンチ掘削調査によって地質学的にも実証され，歴史地震記録とも整合する古地震活動の証拠が得られるようになったことから，次第に変動地形学的手法の妥当性が認められるようになった．1995年の阪神淡路大震災においては，淡路島の野島断層や神戸の六甲断層系などの活断層が震源となり，活断層研究の重要性が認知されることとなった．1990年代には全国的な活断層地図も刊行され，「活断層発見の時代は終わった」と言われる時期もあった．

　ところが，その後の日本各地での地震発生時においては既知の活断層と震源断層の対応は必ずしも明快ではなく，地震が起きる度に新たな問題に直面している．中越沖地震などの際には原子力発電所の耐震安全性にも問題が生じ，その耐震設計における活断層調査のあり方が再検討されることになった（鈴木ほか，2008b；渡辺ほか，2010）．従前の調査法では活断層の認定が不十分である例も多く，変動地形学的手法の本格的導入の重要性が確認された（中田，2009）．

　こうした状況において，地形学の役割の1つは，変動地形学的に活断層を精査し，「地震がどこで，どの程度の規模・頻度で起きる可能性があるか」を予測し，その結果を「予測の確からしさ」とともに社会に提示することにある．その情報はハザードマップの出発点であり，地震防災のあり方に大きく影響する．変動地形学に対する社会的評価の高まりは，同時に社会的責任の重みの増加でもある．東日本大震災は，災害予測の重要性を強く問題提起し，地形学の役割は重くなっている．

2.3　1990年代の内陸地震における活断層と震源断層との関係

1990年代に発生した兵庫県南部地震（阪神淡路大震災），サハリン北部地震，台湾中部地震はいずれも活断層の再活動により生じ，数千人の命を奪う大惨事につながった．いずれの地震においても明瞭な地震断層が出現し，活断層との対応も比較的明確で，地震の規模も活断層の規模に見合う比較的大きなものであった（図2.1）．しかし，①活断層の存在がどの程度事前に判明していたか，②その情報がどれほど周知され防災対策に活かされていたかは，地震ごとに事情が異なる．また，③自然的・社会的な地理条件により，調査自体の難易度や技術的課題も異なっている．

2.3.1　1995年兵庫県南部地震（M 7.3）

兵庫県南部地震は，既知の断層である淡路島の野島断層と神戸周辺の六甲断層が震源となった．これらの断層は地震予知研究上も「要注意断層」とされていた（Matsuda, 1981）が，神戸市の都市計画では考慮されていなかった．

詳細に見ると活断層と地震の関係については不明な点も多い．野島断層は数mの変位を伴う大規模な（いわゆる「固有規模」の）地震を起こしたが，六甲断層は小規模にしか活動しなかった．政府の地震調査研究推進本部（地震本部）の長期評価でも，1995年の地震は基本的に淡路島の野島断層の活動によるもの

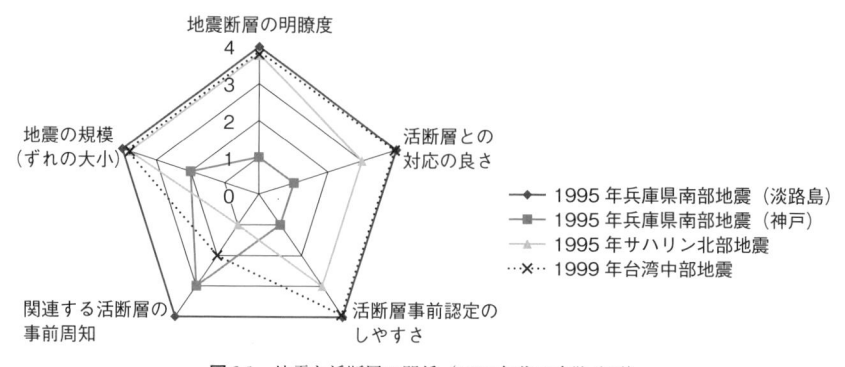

図2.1　地震と活断層の関係（1990年代の内陸地震）

であり，六甲断層の大規模な活動の余地はなお残るとされている．しかし，死者6,000人を超える被害を出した1995年の地震には，野島断層のみでなく六甲断層系の活動が大きく関与していたことは事実である（鈴木ほか，1996）．

六甲断層系は併走する複数の活断層により構成されるが，1995年の震源断層はいずれであろうか？六甲断層系と平行な方向に震度6強〜7のゾーンが形成され，著しい被害が集中したことから「震災の帯」として注目された．地震前にはこのゾーン内に活断層の存在は知られていなかったため，「活断層はない」ことを前提に強震動発生の要因がシミュレーションされた．しかし，地震後に縮尺1万分の1の航空写真を判読し直し，また現地地形測量を密に行ったところ，「震災の帯」のほぼ全域を貫く活断層が存在することが判明した（渡辺ほか，1997）．また，同時に実施された反射法地震探査によってもこの断層の存在が検証され（図2.2），ボーリング調査により，完新世の地層も撓んでいることが確認された．地下に伏在する活断層がこうした撓み（撓曲）を成長させたと解釈される．今回の地震の際にも伏在断層が活動し，地表に比高数十cmの緩やかな撓曲を形成した可能性は十分にある（鈴木，2001）．

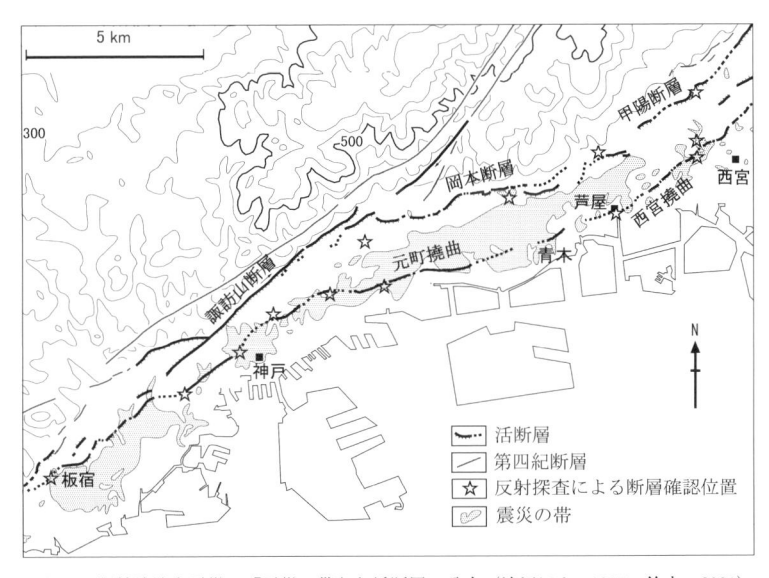

図 2.2 阪神淡路大震災の「震災の帯」と活断層の分布（渡辺ほか，1997；鈴木，2001）

震災の帯の中の活断層が未発見であった理由としては，①地形改変が進む都市域における調査の難しさ，②海岸部の若く低平な地域のため地質露頭がなく，地形学的手法しか使えないこと，③縄文海進による海蝕地形と断層変位地形との判別の困難さなどが挙げられる．

地震後に活断層の存在を新たに主張することは，社会的な混乱を招きやすい．阪神淡路大震災の際にも，行政機関や研究者との軋轢を生じた．事後に指摘しても当該地域の被害軽減につながるわけではなく，進行中の復興計画に影響を及ぼす可能性もある．また，すでに多くの研究者が取り組んでいる原因究明の論理を崩すことにもなりかねない．しかし，活断層の事前認定が正しかったかどうかを点検することは活断層研究者の義務でもあり，将来の地震予測のためにも重要である．

2.3.2　1995年サハリン北部地震（Ms 7.6）

サハリン北部地震は，サハリン島を縦貫する活断層の一部が震源となった．地衣類が地表を覆う針葉樹林地帯に地震断層が現れ，総延長35 km，最大変位量は右ずれ8 mに及んだ．この地震発生前には，サハリンにおける変動地形学的研究は行われておらず，活断層の存在に関する指摘もなく（図2.1），耐震基準はロシア国内で最低レベルに設定されていた．

地震後，筆者らはサハリン地球物理学研究所およびロシア科学アカデミーと共同で航空写真判読による活断層調査を実施した（嶋本ほか，1996）．その結果，サハリン島のほぼ中軸部を貫く長大な活断層が存在することが判明した（図2.3；鈴木ほか，2000）．1995年の地震断層付近は，寒冷地形の影響により断層変位地形が不明瞭であるが，それ以外の地域では明瞭である．サハリン北部や中央部ではトレンチ調査も行われた（堤ほか，2000；Tsutsumi et al., 2005）．こうした活断層に沿って今後もM 7.5以上の地震が発生する危険性が高く，予断を許さない．

2.3.3　1999年台湾中部地震（集集地震 Mw 7.6）

台湾中部地震は，台中市付近を南北に延びる総延長80 kmの活断層が震源となった．逆断層運動により東側が隆起し，最大の上下変位量は10 mを超え，水

2.3 1990年代の内陸地震における活断層と震源断層との関係

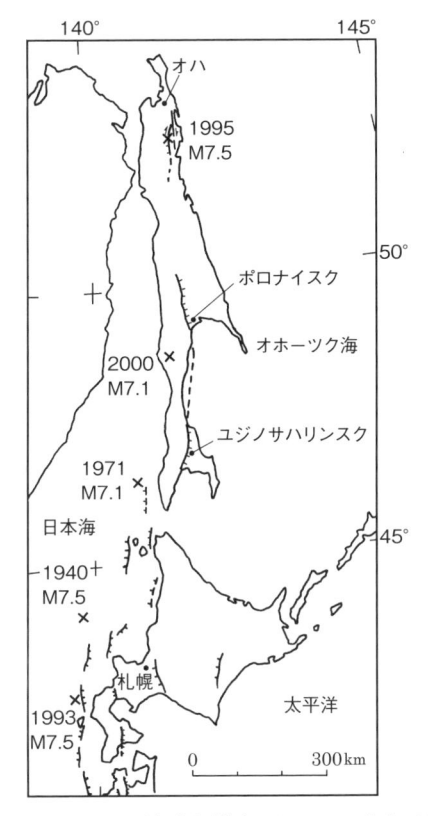

図2.3 サハリンの活断層(鈴木ほか, 2000：鈴木, 2001)

田や畑,宅地や道路に著しい撓曲崖(とうきょくがい)(撓み上がる崖)が現れて大きな被害が生じた.この地震を起こした活断層は,平野と丘陵地を境し隆起側に明瞭な撓曲崖を形成する,変動地形学的には明瞭なものであったが,地質露頭では確認が難しかった.台湾では変動地形学的な活断層研究は主流ではなく,地質学的手法のみで行われていたため,この断層も「推定断層」として認識されるに止まっていた(図2.1).

筆者らが地震後に,1970年代に撮影された航空写真を判読して活断層分布図を作成したところ,今回の地震断層の長さに相当する延長80 kmの活断層が確実に認定できた.さらにその位置は地震断層の位置と完全に一致することから,地震断層出現の位置はほぼ全域において事前に認識可能であることが示された

(太田ほか, 2003；Ota et al., 2004).

　地震断層と活断層の関係を詳細に検討すると，地震断層に沿う幅数百 m の帯状の範囲に，複数列の活断層が併走する場合がある．こうした場合，従来の知見では平野寄りに位置するもののほうが構造的に新しいと考えてきたが，台湾中部地震の際に活動したものは必ずしも平野寄りのものばかりではなかった．こうした知見の積み重ねが，今後の地震発生予測（特に地表断層の出現予測）において重要である．

2.4　2000年代の内陸地震における活断層と震源断層との関係

　2000年代に発生した新潟県中越地震，新潟県中越沖地震，岩手・宮城内陸地震も，活断層が起こした内陸地震であり，甚大な人的・物的被害をもたらした．しかしこれらの地震発生時，震源域付近には明瞭な活断層の存在が周知されておらず，「未知の活断層」が震源であるとの報道が相次いだ．地震の規模がさほど大きくなく，三者三様の地域的な特性もあることから，地震断層と活断層との対応関係は地震直後には確認しづらかった（図2.4）．地震後の詳細な検討により，いずれも活断層と対応していること，事前認定もある程度可能であったことが判明している．

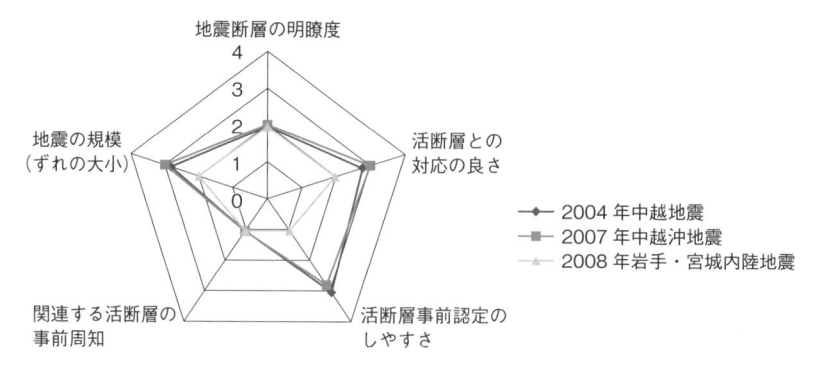

図2.4　地震と活断層の関係（2000年代の内陸地震）

2.4.1　2004年新潟県中越地震（M 6.8）

　中越地震は，六日町盆地西部の魚沼丘陵付近において発生した．この地域には固結度の低い第四紀層が厚く堆積し，地層が波長1km以下で著しく褶曲している．いわゆる活褶曲地帯として有名である．活褶曲の成因については様々な議論があるものの，1980～1990年代には，こうした比較的短波長の褶曲はその基部に伏在する逆断層の活動によって形成されると判断されるようになってきた．2001年に国土地理院より刊行された都市圏活断層図「小千谷」・「十日町」ではこの考えによる積極的な活断層認定が行われ，六日町盆地北部西縁には，小平尾断層および六日町盆地西縁断層が図示されていた．2004年の地震断層はこれらの活断層にほぼ沿って出現した（鈴木ほか，2004；鈴木・渡辺，2006）．

　六日町盆地南部の湯沢市付近には，以前から六日町断層（活断層研究会，1991）が認定されていた．しかし北部においては活断層認定が遅れていたため，地震観測研究者が持っているデータベースには十分な活断層情報がなく，地震発生直後には「活断層のない場所で地震が起きた」との誤解が広がった．渡辺ほか（2005）は，魚野川に沿う水準点変動データと余震分布と地震断層の情報を統合して，すべてと整合的な地下断層モデルを数値解析的に提示し，活断層と地震および地殻変動の関係を証明した．また，トレンチ調査も行われ，今回の地震断層は過去にも活動を繰り返した活断層であったことが証明されている（Maruyama et al., 2007）．

2.4.2　2007年新潟県中越沖地震（M 6.8）

　中越沖地震は，新潟県柏崎市の沖合の佐渡海盆において発生した．一般に海域における活断層研究は十分に行われておらず，その情報も集約されていない．このため震源断層と活断層の関係は地震発生直後にはまったく不明であった（図2.4）．海域に地震計や地殻変動観測点がないこともあり，地震発生から数カ月経っても震源断層の傾きさえ判然とせず，陸域の地殻変動データから推定した震源断層モデルは，東傾斜か西傾斜かを判断できない状況であった．

　この地震は，東京電力柏崎刈羽原子力発電所を緊急停止させ，火災を引き起こし，敷地内の地盤に著しい地盤変状を与えるなど，地震と原子力発電所の耐震設計にも問題を提起した．原発耐震審査のための事前調査において，海域の

音波探査が行われていた．筆者らは地震直後にこの資料を再検討し，佐渡海盆の東縁には顕著な東傾斜の逆断層があること，その長さは30 km以上に及ぶことを指摘した（鈴木ほか，2008b）．測線間隔2 kmで実施された高密度な音波探査記録には，断層が見えるものとそうでないものが混在しているが，断層運動により形成された特徴的な高まりや，断層運動の累積によって成長した佐渡海盆東縁の変動崖の連続性が，活断層認定の重要な根拠である．しかし原発耐震審査の際には，音波探査の記録で断層構造が見えなければ「活断層はない」としていたため，海底活断層は見逃されていた．

その後，こうした指摘がきっかけの1つになり，原子力安全・保安院や原子力安全委員会は，中越沖地震後に海底活断層を再検討して，佐渡海盆東縁の活断層として長さ35 kmの活断層を追認している（原子力安全・保安院，2009）．しかし未だに佐渡海盆の東縁の変動崖の長さには及ばない．渡辺ほか（2010）は，海盆東縁の変動崖の連続性を重視した変動地形学的観点から，活断層の長さは50 km以上であると主張している．

2.4.3　2008年岩手・宮城内陸地震（M 7.2）

岩手・宮城内陸地震は，岩手・宮城県境の栗駒山東方で発生した．地形的には奥羽脊梁山脈の東麓部の地形境界にあたるが，北上盆地西縁断層の南方約20 kmであり，震央付近には活断層は認定されていなかった（図2.4）．

地震後に震源域周辺を詳細に調べたところ，一関市厳美町柧木立（はのきだち）付近に1 km程度の短い活断層が見出され，これが地震の際に活動したことが判明した（鈴木ほか，2008a）．トレンチ調査により，最近約6,000年間に今回を含めて4回程度の活動をしていることもわかった（鈴木，2010a）．震源断層は西方隆起（西傾斜の逆断層）であるが，この活断層は東方隆起であり，上盤側に生じた副次的なものであると判断される．

こうした成果も取り入れ，国土地理院（2009）は震源域付近の詳細な活断層および地すべり分布図を示しているが，変動地形学的に「活断層の可能性がある」というレベルの推定断層を含めても，30 km程度に及ぶ震源断層に相当するものは見出されない．30 kmの範囲には，産業技術総合研究所（2008）などが報告する地変（地割れ，地すべりなど）が不連続的に分布する程度であった．

この地震から学ぶべき地震予測上の留意点は，①短いながらも活断層が確認できた事実は重く，②断層が著しく短い場合には，断層の長さと地震規模の経験式を安易に適用せず，少なくとも M 7.2 程度の地震発生を予測する必要があるというものであった．

2.5　東日本大震災が提起した問題

東日本大震災を引き起こした東北地方太平洋沖地震は，政府の地震本部が今後 30 年間に 99％の確率で起きると予測した地域で起きた．しかし地震規模は予想された M 7.5〜8.0 をはるかに上回る Mw 9.0 となり，地震発生の可能性が必ずしも高いとされていなかった福島県沖や茨城県沖も含む広い範囲が震源域となった．

地震発生予測が外れた主な理由は，①日本海溝におけるプレート沈込みにおいては，南アメリカの太平洋岸などとは異なり，M 9 クラスの巨大地震は発生しないという仮説を前提にしていたこと，② 869 年には仙台平野などで内陸 3〜4 km まで津波が侵入したことが歴史資料や堆積物調査で指摘されていた（羽鳥，1975；阿部ほか，1990）にもかかわらず，1600 年代以降の資料のみに基づいて地震発生予測を行っていたことが挙げられる（島崎，2011；鈴木，2011）．

2002〜2009 年には貞観地震津波による津波堆積物が広域で調査され，少なくとも岩手県から福島県に及ぶことが判明している（宍倉ほか，2007）．地震本部も 2011 年 4 月には，貞観地震の再来も考慮に入れた地震発生予測を新たに公表しようとしていた矢先だった．東日本大震災によって，古地震学的調査結果を地震発生予測に十分に取り入れ，起こりうる最大規模の地震に関する情報を速やかに提供することの重要性が明らかとなった．

最大規模地震の予測のために最も重要な知見は，変動地形学が与えると言っても過言ではない．中越沖地震における佐渡海盆東縁断層の意義については先述の通りであるが，日本海溝や南海トラフにおける変動地形学的な海底活断層調査の充実は，今後の重要なテーマである（鈴木，2010b）．

中田・後藤（2010）は，海上保安庁が保有する海底地形データを従来にない高解像度（経緯度 3 秒＝約 90 m 間隔）で処理し直し，ステレオ実体視画像を

初めて作製した．詳細に実体視することにより，海底活断層の正確な分布を明らかにした．海底活断層の分布は，活断層研究会（1991）や東海沖海底活断層研究会（1999）などでも示されてきたが，それらと比較すると認定根拠がより明確となり，海底活断層相互の連続性に関する情報が飛躍的に向上している．

海底活断層は地震時に海底に現れた地震断層の痕跡であるため，連続性の情報は活動範囲（震源域）の特定にとっては非常に重要である．南海トラフでは，1944年東南海地震と1946年南海地震に対応する海底活断層が推定されている．今後，1856年安政東海地震や安政南海地震，さらには1707年宝永地震に対応する海底活断層が特定できれば，海底活断層を古地震学的に検討できる可能性がある．

日本海溝においても過去の地震活動は必ずしも規則的ではなく，様々な規模の地震が起きており，これに対応する海底活断層の存在が指摘され始めている（中田ほか，2011）．「想定外」が被害を拡大した東日本大震災の悲劇を繰り返さないためにも，海域・陸域ともに変動地形学的研究のさらなる充実が望まれる．

2.6　おわりに──変動地形学の今後の課題

変動地形学は震源断層の活動（内的営力）に伴う地表現象を扱い，地表現象をもとに地下の現象を推定する．地表で観察される活断層地形から震源断層のすべてがわかるわけではないが，活断層地形を説明できない地震モデルは正しくない．また，地形発達史を考え，「内的営力（深部の断層運動）がなくては説明できない」という背理法的な考えにより活断層の存在を立証することも多い．

地形学者が責任を負うべきは，こうした事実の発見と社会的説明である．これまでも地形学者は活断層地図を作って随時公開してきた．その地図は地震防災の基礎資料となっているが，詳細な断層分布については未だに不備な点が多い．また深刻なことに，活断層の存在そのものが原子力発電所建設などの開発事業の際に認められず，不確実な調査に基づいて否定されてきた現状もある．これは，地形学的知見の対外的説明が十分でないことを示しており，地形学，特に変動地形学者に課せられた責任は重い．

本章では活断層の存否と長さの点のみに焦点を当てたが，地震予測において

は断層面の深さ方向の「幅」や「ずれ量」を予測することも重要である．地震時の断層運動は広域的な地殻変動を生じ，それが地形に累積するため，地形発達を手がかりに幅やずれ量を推定する研究も行われている（例えば，鈴木ほか，2010）．地下深部の断層構造やその地質学的発達過程に関する研究も重要視されている（池田ほか，2002；箕浦・池田，2011）．地球物理学的には断層運動の詳細を地震発生前に予測することは不可能であり，変動地形学や古地震学に委ねられていると言っても過言ではない．

◆ **地 形 学**

　地形学は，地球表面の形状がいかに形成されるか，またそれにどのような意味があるかを考究する学問です．河川・海岸地形，火山地形，氷河・寒冷地形，乾燥地形，海底地形，活断層・変動地形など，その成り立ちに好奇心をそそられる地形が地球上にはたくさんあり，「なぜその地形が今そこにあるのか？」という謎解きに地形学者は挑んでいます．地形を調べることで，気候変動や地殻変動を知ることもできます．

　一方，大地は人類の生活基盤でもあるため，その地形は単に科学的な知的対象であるだけでなく，自然災害や環境変動に対していかに対処すべきかを考え，「生きる力」を養う教材としても重要です．

［鈴 木 康 弘］

引 用 文 献

阿部 壽・菅野喜貞・千釜 章（1990）：仙台平野における貞観11年（869年）三陸津波の痕跡高の推定．地震，**2**(43)：513-525．

池田安隆・今泉俊文・東郷正美・平川一臣・宮内崇裕・佐藤比呂志 編（2002）：『第四紀逆断層アトラス』，東京大学出版会．

太田陽子・渡辺満久・鈴木康弘・澤 祥（2003）：1999年集集地震による地震断層の位置と既存の活断層の関係．地学雑誌，**112**：18-34．

活断層研究会 編（1980）：『日本の活断層——分布図と資料』，東京大学出版会．

活断層研究会 編（1991）：『新編 日本の活断層——分布図と資料』，東京大学出版会．

原子力安全・保安院 (2009)：東京電力株式会社柏崎刈羽原子力発電所敷地・敷地周辺の地質・地質構造，基準地震動 Ss 及び地震随伴事象の評価並びに基準地震動 Ss に対する 7 号機の耐震安全性の評価に係る報告書．耐特委第 14-1-1 号（http://www.nsc.go.jp/senmon/shidai/taishintoku/taishintoku014/siryo1-1.pdf 2011 年 5 月 9 日閲覧）．

国土地理院（1996〜2011）：『都市圏活断層図』，国土地理院．

国土地理院 (2009)：平成 20 年 (2008 年) 岩手・宮城内陸地震 1：25,000 詳細活断層図（活断層・地形分類及び地形の変状）．国土地理院技術資料，D・1- No.541.

産業技術総合研究所 (2008)：2008 年岩手・宮城内陸地震速報，地表変状地点確認位置図 (http://unit.aist.go.jp/actfault-eq/katsudo/jishin/iwate_miyagi/080709_1map.pdf 2011 年 5 月 9 日閲覧）．

宍倉正展・澤井祐紀・岡村行信・小松原純子・Than Tin Aung・石山達也・藤原 治・藤野滋弘 (2007)：石巻平野における津波堆積物の分布と年代．活断層・古地震研究報告，**7**：31-46.

島崎邦彦 (2011)：超巨大地震——貞観の地震と長期評価．科学，**81**：397-402.

嶋本利彦・渡辺満久・鈴木康弘・Kozhurin, A.I.・Strel'tsov, M.I.・Rogozhin, E. (1996)：1995 年ネフチェゴルスク地震の地震断層と被害．地質学雑誌，**102**：894-907.

鈴木康弘 (2001)：『活断層大地震に備える』，筑摩書房．

鈴木康弘 (2010a)：2008 年岩手・宮城内陸地震と活断層——想定外地震の衝撃．*E-journal GEO*，**4**：109-116.

鈴木康弘 (2010b)：東海〜四国沖の陸棚外縁活撓曲の再発見．科学，**80**：779-781.

鈴木康弘 (2011)：東日本大震災の「想定外」問題について．日本の科学者，**46**：1347-1353.

鈴木康弘・渡辺満久 (2006)：新潟県中越地震に見る変動地形学の地震解明・地震防災への貢献——地表地震断層認定の本質的意義．*E-journal GEO*，**1**：30-41.

鈴木康弘・渡辺満久・吾妻 崇・岡田篤正 (1996)：六甲—淡路島活断層系と 1995 年兵庫県南部地震の地震断層——変動地形学的・古地震学的研究と課題．地理学評論，**69A**：469-482.

鈴木康弘・堤 浩之・渡辺満久・植木岳雪・奥村晃史・後藤秀昭・Strel'tsov, M.I.・Kozhurin, A.I.・Bulgakov, R.・Terentief, N.・Ivashchenko, A.I. (2000)：サハリンの活断層の分布と概要．地学雑誌，**109**：311-317.

鈴木康弘・渡辺満久・廣内大助 (2004)：2004 年新潟県中越地震の地表地震断層．地学雑誌，**113**：861-870.

鈴木康弘・渡辺満久・中田 高・小岩直人・杉戸信彦・熊原康博・廣内大助・澤 祥・中村優太・丸島直史・島崎邦彦 (2008a)：2008 年岩手・宮城内陸地震に関わる活断層とその意義——一関市厳美町付近の調査速報．活断層研究，**29**：25-34.

鈴木康弘・中田 高・渡辺満久 (2008b)：原発耐震安全審査における活断層評価の根本的問題——活断層を見逃さないために何が必要か？ 科学，**78**：97-102.

鈴木康弘・杉戸信彦・隈元 崇・澤 祥・渡辺満久・松多信尚・廣内大助・谷口 薫・田力正

好・石黒聡士・佐藤善輝（2010）：平均変位速度分布に基づく糸魚川-静岡構造線断層帯北部の地震発生予測．活断層研究，33：1-14.
堤　浩之・Kozhurin, A. I.・Strel'tsov, M. I.・植木岳雪・鈴木康弘・渡辺満久（2000）：サハリン北東部の活断層と古地震．地学雑誌，109：294-301.
東海沖海底活断層研究会（1999）：『東海沖の海底活断層』，東京大学出版会．
中田　高（2009）：活断層調査において変動地形学的手法がなぜ重要か．科学，79：167-174.
中田　高・今泉俊文（2002）：『活断層詳細デジタルマップ』，東京大学出版会．
中田　高・後藤秀昭（2010）：南海トラフの海底活断層を詳細地形データから探る．科学，80：852-857.
中田　高・後藤秀昭・渡辺満久・鈴木康弘・西澤あずさ・泉　紀明・伊藤弘志（2011）：日本海溝沿いの活断層と地震に関する予察的考察．日本地球惑星科学連合大会予稿集 MIS036-p.189.
羽鳥徳太郎（1975）：三陸沖歴史津波の規模と推定波源域．地震研究所彙報，50：397-414.
箕浦幸治・池田安隆（2011）：『地球のテクトニクス I　堆積学・変動地形学』，現代地球科学入門シリーズ 9，共立出版．
渡辺満久・鈴木康弘（1999）：『活断層地形判読——空中写真による活断層の認定』，古今書院．
渡辺満久・鈴木康弘・伊藤武男（2005）：変動地形に基づく 2004 年中越地震の断層モデル．地震，58：297-307.
渡辺満久・鈴木康弘・岡田篤正（1997）：神戸・芦屋・西宮市街地の活断層と兵庫県南部地震に伴う震災の帯．地形，18：223-232.
渡辺満久・中田　高・鈴木康弘（2010）：佐渡海盆東縁断層と 2007 年中越沖地震．活断層研究，33：27-37.
Maruyama, T., Iemura, K., Azuma, T., Yoshioka, T., Sato, M. and Miyawaki, R. (2007)：Paleoseismological evidence for non-characteristic behavior of surface rupture associated with the 2004 Mid-Niigata Prefecture earthquake, central Japan. *Tectonophysics*, **429**:45-60.
Matsuda, T. (1981)：Active faults and damaging earthquakes in Japan-Macroseismic zoning and precaution faults zones. *Maurice Ewing Series 4, American Geophysical Union*：279-289.
Ota, Y., Watanabe, M., Suzuki, Y. and Sawa, H. (2004)：Geomorphological identification of preexisting active Chelungpu fault in central Taiwan, especially its relation to the location of the surface rupture by the 1999 Chichi earthquake. *Quaternary International*, **115-116**：155-166.
Tsutsumi, H., Suzuki, Y., Kozhurin, A. I., Strel'tsov, M. I., Ueki, T., Goto, H., Okumura, K., Bulgakov, R. F. and Kitagawa, H. (2005)：Late Quaternary faulting along the western margin of the Poronaysk Lowland in central Sakhalin, Russia. *Tectonophysics*, **407**：257-268.

3 環境問題に関わる市民運動と地域

はじめに1枚の写真を見てみよう（図3.1）．これは，島根県と鳥取県の県境にあって，斐伊川の河口を堰き止め，中海と宍道湖を淡水化するためにつくられた水門が撤去されているところである．この景色はすでになく，2つの湖は，ダム化された淡水湖ではなく，汽水湖として存在している．全国いたるところで開発が進み，日本の自然景観は大きな変貌を遂げた．この湖でも，第二次世界大戦後の食料増産を背景として計画された大規模な農地開発事業（中海干拓事業）が，平成になっても続けられていた．中海干拓事業は，「一度始めたら止まらない」といわれる大型の公共事業が途中で中止された数少ない事例の1つである．ただし沿岸や流域内での開発は行われており，湖や流域の環境は変化し続けている．しかし，中海も宍道湖も汽水湖であるという，最も基本的な性格を保つことができた．塩分濃度の違いなどにより，それぞれの湖に生息する生物層は異なり，宍道湖はヤマトシジミの産地として知られている．シジミを

図3.1 撤去中の中浦水門（2006年3月25日）

含む宍道湖七珍と呼ばれる名産も健在である．

　中海干拓事業が中止になったのは，最終的には中央の政治と行政の判断であるが，中止せざるをえなくしたのは，事業中止を求める地元の声であった．特に，事業中止の流れを作り出すことに大きく寄与したのは，四半世紀にわたって，住民や研究者らが続けてきた反対運動である．

　自然環境と社会の関わり，特に社会問題としての環境問題を考える上で，市民運動に注目することは重要な視点の1つになる．生じている出来事について市民団体が異議を唱えることから，それが社会問題化していくことがしばしばある．また，運動が目的を達したかどうかは別にして，発信された問題提起や要求が，その後の環境のありように少なからぬ影響を与えることもある．

3.1　地理学における市民運動研究

　「社会問題は『クレイム申し立て』という言語行為の積重ねによって作り出される」という考え方は社会構築主義といわれ，Kitsuse and Spector（1977）の『社会問題の構築』や中河（1999）の『社会問題の社会学』などで論じられている．環境問題について構築主義の立場から環境社会学の教科書をまとめたHannigan（1995）などもある．このようなアプローチをする場合，特定の主体に焦点を当てるのではなく，当該事象に関わる様々な主体の言説や行動を観察することから，問題をめぐる状況を論じようとする．しかし，ある環境をめぐる状況において，クレイムを申し立てる主体の1つとして市民団体が無視できない存在であることは間違いなく，あえて市民団体に焦点を当てる意味は大きい．

　地理学において，環境問題や環境に関わる市民団体を構築主義的な立場から論じた研究はまだ少ないが，政治地理学の「フレーミング」や「スケールの政治」の概念を用いた研究などは同じような視角を持つ．環境問題で対立する政治的主体が，自らの要求の実現に向けて，空間スケールを論争における主導権争いの手段に用いることに注目し，その政治過程を論じることは，地理的スケールによる「封じ込め」や「エンパワメント」などを重視する「スケールの政治」（山﨑，2005）の視角と重なる．

　もちろん，環境問題に関わる市民運動へのアプローチは，構築主義的なもの

だけではない．社会運動を地理学的な視点から論じる試みが，英語圏地理学を中心に積み重ねられてきた．例えば，社会運動における「場所」への愛着と政治における「場所」の構造的役割を論じた Agnew（1997）や，社会運動の特性や人々を運動に参加させる心理を説明する地域固有の要因に注目した Routledge（1992），問題構築に空間スケールの差が反映されることを論じた Miller（2000）などがある．

淺野（2008）は，中海・宍道湖と霞ヶ浦の市民運動を事例として，環境問題に関わる市民運動への地理学的なアプローチを論じた．第1に市民運動の性格を多面的に理解すること，第2に運動が政策決定や土地利用に与えた影響を読み解くこと，第3に運動を様々なスケールの「地域」の文脈から検討すること，第4に運動との関わりを意識しつつ実践的な研究を行うことが考えられる．このうち第2のアプローチは，市民運動が地域にどのような影響を与えるのか，地域社会でいかなる役割を果たしているのかに注目する「運動から地域をみる」視点に立ち，第3のアプローチは，市民運動に地域の社会経済的特性がどのように反映されているのかを明らかにする「地域から運動をみる」視点に立つ．後者については別に解説したことがある（淺野，2009）ので，本章では，「運動から地域をみる」視点についてまとめてみたい．

3.2　土地利用や景観への影響

地域開発と自然環境保全とが問題視されるような場合，研究者や対象地周辺に住む住民などから問題提起がなされ，それを支持する人たちによる反対運動に発展し，大きな社会問題になることが多い．このような運動が活発になると，開発事業は予定通りに進まず，計画が変更されたり中止されたりする．大規模開発事業が実施されれば地域に与える影響は大きい．逆に，事業が遅れ，計画が変更されたり中止されたりしても，やはり影響は大きいのである．

冒頭の中海干拓事業は，四半世紀以上の議論の中で幾度も計画が見直され，約 1,700 ha という広大な本庄工区干拓と中海・宍道湖の淡水化（ダム化）が中止になった．淡水化中止は 1980 年代に盛り上がった淡水化反対運動ぬきに説明できない．結果として，今なお宍道湖ではシジミ漁など汽水環境に対応した漁

業が行われ，汽水湖と水郷の風景が観光地・松江の魅力の1つになっている．本庄工区は，当初は水田として，次に畑地・牧草地として利用することが考えられたが，淡水化事業が中断してから開発をめぐる議論は迷走し，ネイチャーリサーチ都市構想や田園都市構想など，10年ほどの間にいくつもの案が検討されては消えていった．これらを検討する委員会に，反対派に理解のある委員が入るとともに，事業反対の署名集めや抗議行動を行うなど，内外からの反対運動が展開された．

淡水化と本庄工区干拓の中止は，反対運動の大きな成果といえるが，それ以外にも反対運動が土地利用に影響を及ぼしたと考えられるものは多い．さらに，反対運動とは別の文脈から生まれた市民活動も活発で，湖を取り巻く水環境の再生をめざして，流域の子どもたちの参加を積極的に受け入れたヨシの植栽活動や，上流域および湖内の島のまちづくり支援を行っている（作野，2010）．これなども市民による活動が流域の環境に影響を与えている例といえる．

これら市民運動の地域への影響を，中海・宍道湖地域を例に，景観に注目して整理したのが表 3.1 である．ここでは，市民運動が創り出した景観を「運動が目指した景観」と「運動が意図せず生み出した景観」に分け，さらに，「地域的な広がりを持つ景観」，「特定の場所に関わる景観」，「派生的・副次的に生まれた景観」，「何かがなされなかったことで生じた景観」に分けた．「運動が目指した景観」は，運動がそもそもの目的として守ろう（あるいは創ろう）としたも

表 3.1 環境に関わる市民運動が創り出す景観（淺野，2008 を改変）

景観のタイプ		宍道湖・中海の事例
運動が目指した景観	地域的な広がりを持つ景観	汽水湖としての宍道湖・中海 干拓されなかった本庄工区 ラムサール条約登録湿地
	特定の場所に関わる景観	中浦水門の撤去 干拓堤防の開削・架橋化 湖岸のヨシ植栽
運動が意図せず生み出した景観	派生的・副次的に生まれた景観	彦名干拓地の水鳥公園化 干拓堤防への農道建設
	何かがなされなかったことで生じた景観	先行基盤整備農地向け代替水源の未整備 中海で消極的な内水面漁業振興

のであり，地域的な広がりを持つ景観（湖が汽水湖として残り，本庄工区が干拓されずに湖面が広がっている）と，特定の場所に関わる景観（中浦水門が撤去されたり，本庄工区の干拓堤防が開削され橋に変わったりする）とがある．

また一方で市民運動は意図していなかった景観も創り出す．運動により事業が遅れると，事業に関わりのある地域に影響が出る．このときに創り出されるのが「運動が意図せず生み出した景観」である．中海干拓事業の一部としてつくられた彦名干拓地が，放置されているうちに冬鳥の越冬地になり，別の自然保護運動が生まれて水鳥公園に生まれ変わったことや，淡水化が前提だったため汽水湖としての漁業振興がなされず，漁業が衰退してしまった中海の漁業風景（逆に宍道湖では漁協が反対運動の中核的存在として積極的に汽水漁業をアピールしたため，シジミ漁が全国に知れ渡ることになった）や，計画上の水源（淡水湖）が手当てできず暫定措置がとられたままに据え置かれた農業水利景観などがある．事業が遅れ，本来であればなされたことが実行されなかったために生み出される景観は，運動が創り出す「負の景観」である．

地理学では景観を，人々の生業や日々の生活が刻み込まれて創り出されたものと考えることが多いが，人々の日常だけが景観を形成しているわけではなく，むしろ環境を改変するという非日常が生み出した景観が，時間の経過とともに皆の目になじみ日常的な景観になっていくのではないだろうか．そうならば，市民運動が創り出す景観（次々に発生する事件や出来事が制度制定につながったり，土地利用を左右したり，工作物が建設・改廃されたりを繰り返す）は，景観論において議論を深めることが望まれるテーマといえるかもしれない．

3.3 市民団体と行政や住民との関わり

次に，市民団体が地域社会の中で，住民や行政などとどのような関係をつくって活動をしているのかを見てみよう．図3.2は，霞ヶ浦の事例をもとに，想定される（実際に他の地域でも観察されうる）いくつかのタイプを模式的に示したものである（淺野，2008）．

図3.2aは，霞ヶ浦の水甕化（淡水化）反対運動や中海干拓反対運動などのように，地域開発事業の中止や見直しを求める活動の場合である．市民団体は住

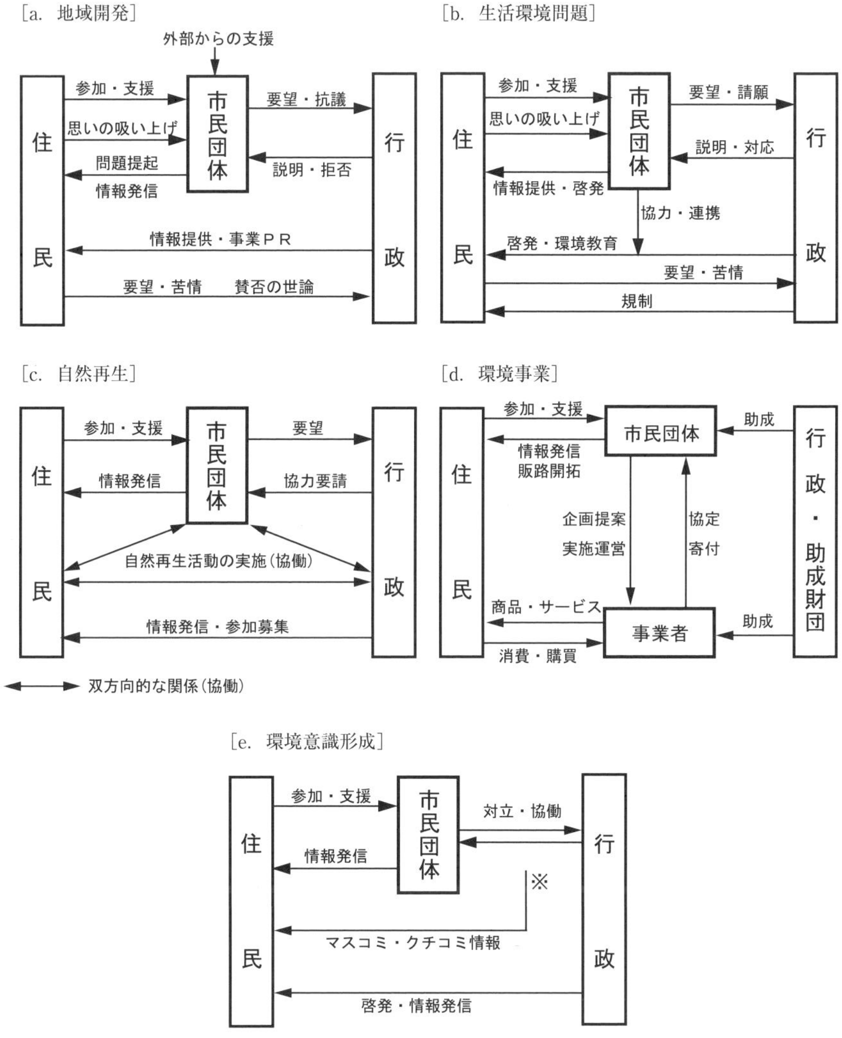

3.3 市民団体と行政や住民との関わり

図 3.2 市民団体と住民・行政との関係（淺野，2008）

注）eの※は，市民団体と行政との対立・協働の様が，マスコミ報道や関係者からの内輪話などとして，一般の住民に情報が伝わるという意味である．

民からの物的・心理的支援や外部団体などの支援を受けながら，住民を代表する立場であることを強調しつつ，行政に対して事業への抗議や要望を行う．同

時に，住民に対して情報提供を積極的に行い，問題を投げかけ続ける．住民を代表する立場であることを実体化するためには，住民の理解と支持を得ることが不可欠だからである．市民団体と行政とはしばしば対立的な関係になる．市民団体の情報戦に対抗して，行政も住民向けの事業 PR に力を入れる．

ところで，地域開発による自然の改変だけが環境に関わる市民運動の対象になるわけではない．湖の富栄養化のように住民も環境への負荷をかけているので，他の住民に，自分たちの暮らし方の問題点を伝え，環境に配慮した行動をとるように促すことも市民団体は積極的に行う．図 3.2b はそのような場合を示している．市民団体は，行政に対して環境対策の強化を求め，住民には一人ひとりの気付きと心がけを促す．市民団体と行政は，規制強化などをめぐって対立することもあるが，啓発や環境教育活動に関しては対立せず連携が図られる．この点では，団体は行政と半ば一体化した存在として一般住民に向かっている．

第 3 のタイプとして，近年各地で取組みが広がる里山づくり活動や自然再生活動がある（図 3.2c）．この活動は行政・住民・企業などが連携して取り組むことが多く，その際に活動を進めるための組織が作られることがよくある．市民団体は構成メンバーの 1 つとして活動内容に意見や注文を出したり，労力が必要な作業に際して市民を動員する役割を担う．その関わり方は，対象地区住民を代表する立場としてではなく，ある程度の専門性と環境へのこだわりを持った関係者の 1 つとしての参加となる．

第 4 に，市民団体が環境事業の実施者ないし仕掛け役として立ち振る舞う場合がある．これは環境活動への企業や財団などからの市民活動支援制度が充実してきたことを背景として，最近各地で少しずつみられるようになってきた動きである．ローカルな環境事業には様々な展開があり一般的な模式図を示すのは難しい．そこで，ここでは霞ヶ浦の環境再生を目指す「アサザ基金」が行っている魚粉事業の例を示す（図 3.2d）．これは，漁業者に外来魚の漁獲を委託して肥料化したものを有機栽培農家に卸して有機野菜などを生産し，食品スーパーで「湖にやさしい」農産物として販売するというものである．「アサザ基金」は，このビジネスモデルを考案し，漁業者・肥料製造業者・有機栽培農家・小売業者・消費者のネットワークを作るとともに，湖の富栄養化防止対策を行う市民団体の活動として行政からの補助金や民間財団からの助成金などを受け

入れて，事業の立ち上げを資金面で支えるというものであった．このような循環をつくることができれば，近代化とともに失われた地域の自然資源と住民の暮らしとの関わりを，現代的な意味で再構築することにもつながる．従来は行政や第3セクターなどが行ったような事業を，市民団体が事業主体となって実施することが今後増えていく可能性がある．

これら4つのケースはそれぞれ別々の市民団体の活動とは限らず，1つの市民団体が行うこともある．市民団体は，その活動目的に応じて，地域において様々な顔をみせる．

また，市民団体の地域への間接的な関わり方として，このような市民活動が盛んな地域において一般市民の環境意識が高くなる（図3.2e）ことも，経験的にいえるように思う．それは，ローカルな環境問題が議論されているところでは，住民に対して行政や市民団体の双方から様々な情報が提供され，問題提起が繰り返されることに加え，行政と市民団体の対立や交渉の過程がマスコミで報じられたりクチコミで噂話が広まったりすることで，間接的に住民の関心を高めるからである．

3.4　環境市民社会の実現に向けて

環境に関わる市民運動（○○反対運動に限らない，広い意味での市民活動）は，その是非や程度の差はともあれ，活動する地域の土地利用や景観形成に関わっている．その際の地域社会の中での振る舞い方は，上にみたように活動目的に応じて多様である．そして，このような活動は各地で地道に続けられている．しかし他の先進国などと比べると，日本の環境運動は市民の参加が不十分で裾野が狭いといわれる．また，今ではかなり薄れたが市民運動に対する偏見や誤解もある．主張や考え方に共感する人は多くても，実際に，会員になって活動に参加するとか，活動を応援するために寄付をするといった人は少ない．

環境のことを考え，よりよい環境を作り出すためには社会的な環境意識を高めなければならず，そのためには，声を上げたり行動したりという動きが目に見えて広がっていくことが望まれる．そもそも，「よりよい環境」という理念は社会的に創り出されるものなので，それを求める声が上がってこないと理念は

練られないし，環境政策を方向づけ推し進める力も生まれない．その意味でも，環境に関わる市民運動の理解を深めることは大事である．

また，社会問題化している環境問題を抱えた地域では，誰が何を問題にしているのかを理解しないと，どのような解決を目指せばよいのかわからない．この場合，様々な利害関係者の立場や主張を丁寧にみていくこと，およびサイレントマジョリティである大多数の住民の思いを吸い上げていくことが必要になる．しかし，しばしば行政側が自らに都合のよい利害関係者の意見を取りまとめて住民の総意とするために論争がこじれてしまう．関係する主張や立場を洗い出し，相互関係や背景を明らかにし，論点を整理する研究があれば，問題の解決に貢献するのではなかろうか．

市民運動は，環境問題論争の一方の極にいることが多い割には，環境研究の対象として軽視されてきた．その可能性と限界を見極めることを含め，環境に関わる市民運動が今以上に研究対象化されていくことが望まれる．特に地理学において環境運動研究はあまりなされていないので，その意義は大きい．

◆ 社会地理学

　社会地理学は，様々な社会現象や社会集団を，地域・空間・場所・景観との関連から分析・説明しようとします．あるいは逆に，地域・空間・場所・景観を，社会現象や社会集団を通じて理解します．エスニシティやジェンダー，社会問題などの研究が多いですが，対象は多岐にわたり，社会学や政治学などで扱われる対象に対して地理学的に接近することは基本的に可能でしょう．それが地理学になるのは，場所や空間にこだわるなど，対象へのアプローチや視点の「独自性」と，研究者（集団）のアイデンティティ（自分がどのような学問的立場に立つのかという認識）によるともいえます．なお，社会地理学は人文地理学とほぼ同義で使われる場合もあります．

［淺野敏久］

引用文献

淺野敏久（2008）：『宍道湖・中海と霞ヶ浦 環境運動の地理学』，古今書院．
淺野敏久（2009）：市民・住民運動を通じてとらえる環境問題．『人文地理学』（竹中克行・大城直樹・梶田 真・山村亜希 編），pp.251-270，ミネルヴァ書房．
作野広和（2010）：官学民の協働による自然再生活動．『身近な地域の環境学』（山本佳世子 編），pp.55-71，古今書院．
中河伸俊（1999）：『社会問題の社会学』，世界思想社．
山﨑孝史（2005）：グローバルあるいはローカルなスケールと政治．『〈シリーズ人文地理学 4〉空間の政治地理』（水内俊雄 編），pp.24-44，朝倉書店．
Agnew, J. (1997)：Geographies of political and social movements. *Political Geography：A Reader*（Agnew, J. ed.），pp.165-171, Arnold.
Hannigan, J. A. (1995)：*Environmental Sociology*, Routledge［松野 弘 監訳（2007）：『環境社会学』，ミネルヴァ書房］．
Kitsuse, J.I. and Spector, M. (1977)：*Constructing Social Problems*, Menlo Park［村山直之・中河伸俊・鮎川 潤・森 俊太 訳（1992）：『社会問題の構築』，マルジュ社］．
Miller, B.（2000）：*Geography and Social Movements*, University of Minnesota Press.
Routledge, P. (1992)：Putting politics in its place：Baliapal, India, as a terrain of resistance. *Political Geography*, 11：588-611.

Ⅱ 農山村と環境

4 農村の環境問題

4.1 農村における環境問題の諸相

　一般に経済学などの社会科学分野において，環境問題は負の外部性（外部不経済）の問題として考えられる．負の外部性とは，ある人の経済活動が周囲の人々に迷惑や損害を与えるものとなることを指す．工場排水による水質汚濁（公害）や家畜糞尿の悪臭などは，その一例といえる（今野・高柳，2009；今野，2010）．

　農村の環境変化には，住民（内部者）自体の経済活動や生活様式の変化に伴って生じる問題と，外部者の開発行為やエゴによって生じる問題，そして内部者と外部者の双方の影響によって生じる問題があろう．例えば内部者による影響という視点からは，農業従事者の使用する農薬や化学肥料による土壌や水質の汚染，家畜の糞尿処理の不備，農業従事者の減少・高齢化に伴う農地や里山の維持管理の不徹底によって周辺の地域や住民に与える悪影響，そして薬剤散布による農業従事者自身の健康被害などが挙げられよう．また，外部者の影響という視点からは，開発に伴う自然環境の改変，生態系の悪化，農村部へのゴミの不法投棄などが挙げられる．

　本章では，農村の環境問題について，特に営農環境の悪化という側面に焦点を当てる．これは，農業が長らく農村における経済活動の中心であったためである．まず，本章で対象とする「農村」について考えたい．かつての農村とはClout（1972）が示すような「低人口密度と粗放的な土地利用，第1次産業に依存する生活様式」によって特徴付けられてきた．しかしながら現在の多くの先進国においては，厳密な意味で上記のような特徴を備えた地域は多くはない．このため，何をもって「農村」とみなすのかには多くの議論が存在する（Hoggart, 1990）．また，農村の環境問題は山間部（山村）と共通する点も多い．そこで，ここでは便宜的に，現在もしくは近い過去に一定程度の農業従事者が存

在し，地域内において農業的土地利用が卓越していた場所を「農村」とみなして議論を進めたい．具体的には，都市スプロールと耕作放棄地，不法投棄の問題を取り上げる．

4.2 都市スプロール——農地の維持か転換か？

都市スプロールとは，都市から郊外に向かって，地価の安い場所を求め，住宅地や工場地が無秩序に拡大していく現象を指す．その結果，都市的土地利用と農業的土地利用が虫喰い状態で広がり，農地と宅地，工場などが混在する景観が生み出される（浮田，2002）．都市化という視点からみれば，都市計画がうまく進んでいないといえる．また，農業・農村振興という視点からは，集約的な農業生産が困難となり，混住化の進行している状態といえよう．混住化とは従来の農家を中心とした農村社会が，主に非農家（都市住民）の流入や増加といった構成員の変化によって機能や構造面で変化していくプロセスのことである（高橋，1997）．

以下，岐阜市を例に説明する．『岐阜市の農林業 平成13年版』によれば，耕地（4,104 ha）の約42.6％（1,747 ha）が市街化区域内に位置している．また，田を除いた耕地（畑や樹園地など）に限れば，市街化区域内農地の比率はおよそ65％に達する．市街化区域とは，都市計画法において，「すでに市街地を形成している区域及びおおむね10年以内に優先的，計画的に市街化を図るべき区域」である．しかし岐阜市の場合，農業振興と都市計画の整合性が曖昧にされてきたため，土地価格の高騰が農地価格にも影響し，都市近郊農家の生産意欲を減退させ，農地の資産的保有傾向を強め，営農環境の悪化に拍車をかけているのである（今井，2004）．ここでは，市街化区域に指定されている長良地区雄総の農業問題を取り上げる（図4.1）．

長良地区雄総は，岐阜駅や柳ケ瀬商店街といった中心市街地から北東に車で15～20分の距離にある．長良川右岸に位置し，水はけのよい砂質土壌にはブドウが植えられ，「長良ぶどう」の名称で親しまれている．市街地に近接していることから，もともと兼業志向が強く，1970年の農家数（36戸）に占める兼業農家率は97.2％（35戸）に達し，特に農外所得を主とする第2種兼業農家が半

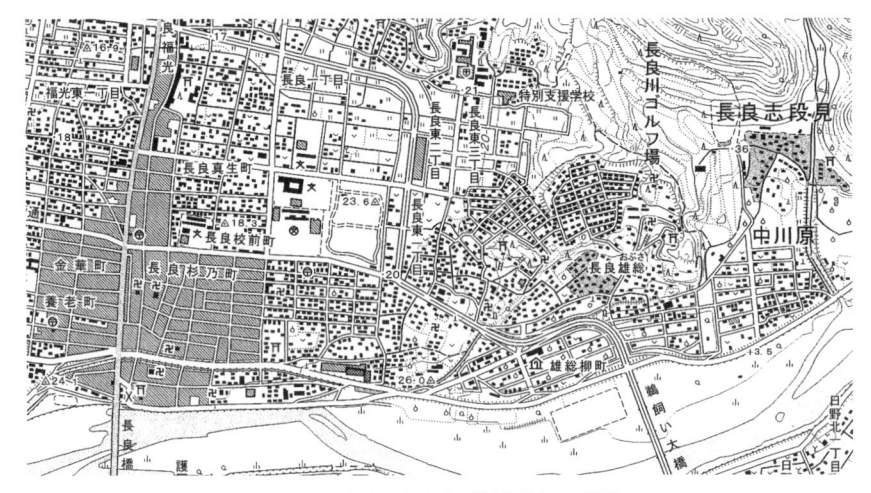

図 4.1 岐阜市長良地区（雄総周辺）の概観
国土地理院発行 2.5 分の 1 地形図「岐阜北部」(2007 年) を 90％縮小.

数以上（20 戸）を占めていた．兼業農家の多い集落ではあったが，1960 年代から始まるブドウ狩りやイチゴ狩り，沿道や庭先でのブドウの直売，1970 年代半ばから始まる生協への販売といった直接取引を重視し，ローカルなブドウ産地としての知名度を生かした農業経営が志向されてきた．その結果，1970 ～ 1980 年代前半までは 1,300 ～ 1,400 a の経営耕地面積を維持することができていた．しかしながら，その後は第 2 種兼業農家の増加や高齢化とも相俟って，2000 年には 868 a にまで経営耕地面積が縮小している．また，販売農家数（経営耕地面積が 30 a 以上または農産物販売金額が 50 万円以上の農家の数）でみても，20 戸（1990 年および 1995 年）から 11 戸（2005 年）に半減しており，同農家の経営耕地面積も 632 a（2000 年）から 498 a（2005 年）に減少している．

　次に都市化に伴う営農環境の悪化についてみてみよう．その一例として，まず挙げられるのが，宅地化に伴う水利環境や通風環境の悪化，3 階建て以上のアパートや事務所の建設による日照時間の減少といった問題である（図 4.2）．また，住宅をはじめとする都市的土地利用に囲まれたブドウ園では，消毒作業に際して，周辺住民へ実施日時の連絡を徹底することなどが不可欠となっている．こうした周囲への配慮を必要としているのが，都市化の進む農業地域の現状といえる．実際に雄総でブドウ園を経営する農家 A では，十数年前からス

4.2 都市スプロール——農地の維持か転換か？

図 4.2 ブドウ栽培と都市的土地利用の競合
岐阜市長良地区（雄総），2011 年 8 月撮影．

図 4.3 駐車場と隣接するナシ園地に掲げられた看板
東京都稲城市，2010 年 8 月撮影．

ピードスプレヤー（SS）の使用を控えているという．SS とは，果樹園などで使用される薬剤散布用の噴霧機である．送風機によって大量の噴霧粒子を遠くへ送り，移動しながら薬液を散布できるため作業能率が高く，多くの果樹産地で長らく使用されてきた．しかしながら，宅地への飛散を危惧して使用を控えているとのことである．また，農地に隣接する非農家に対して収穫期にブドウを届けるなどして，日常的な農作業への理解と協力を仰ぐ農家もみられる．

　長良地区において確認された周囲の住民に対する生産者の配慮の重要性は，大都市圏内の郊外農村において，より顕著である．図 4.3 は，東京西郊のナシ

産地である稲城市内の樹園地で撮影したものである．隣接する駐車場を利用する住民に対して消毒についての注意を喚起していることがわかる．こうした都市的土地利用に囲まれた農地は，他の良好な園地環境の農地に比べて，農地転用によって潰廃される傾向が高くなっている．すなわち，周辺住民への気遣いや苦情への対応といった折衝の煩わしさも含めた営農環境の悪化が，その土地をアパートや駐車場といった非農業的土地利用へと転換させているのである．こうした不動産経営が農家の世帯収入を支え，税金対策につながるという側面もある．このため，アパート・マンションの建設業者や不動産仲介業者が日常的に農家を訪問し，不動産経営を勧めることも少なくない．

　こういった状況下で農業を継続させるには，周辺住民の農業への理解を促す意味で，幼稚園（もしくは保育園）や小学校での出前授業や農業体験活動への協力，直売・もぎ取りを通じた都市住民との交流はもちろんのこと，災害時の避難場所や日常的な緑地空間としての重要性なども含めて，農地が多様な用途や価値を有していることを認識してもらうことが不可欠になっている．

4.3　耕作放棄地の増加——新たな活用の可能性

　耕作放棄地は，『農林業センサス』において，「以前耕地であったもので，過去1年以上作物を栽培せず，しかもこの数年の間に再び耕作する考えのない土地」と定義されている．すなわち，農作物を栽培せず，農業以外の目的にも転用されることのない土地のことである．『農林業センサス』の項目に「耕作放棄地」が登場したのは1975年からであるが（高田，2007），それ以来，日本の耕作放棄地面積は拡大の一途をたどっている（図4.4）．また，耕地全体に占める耕作放棄地の割合も上昇を続け，2005年時点で9.7％に達している．

　耕作放棄地の形成要因としては，基幹従事者の高齢化と後継者層の兼業化などを背景に，労働力不足や担い手の不在，農地の投機的価値の増大（農地転用）やそれに伴う営農環境の悪化，通作の不便さ（農道の不十分な整備状況），地形や土壌といった土地条件の悪さや低生産性，営農意欲の低下などが挙げられる（森本，1995；高橋，2000；九鬼・高橋，2002）．また，千葉県市川市および茨城県波崎町（現在の神栖市）を例にした森本（1991；1993）の一連の研究成果の

4.3 耕作放棄地の増加——新たな活用の可能性

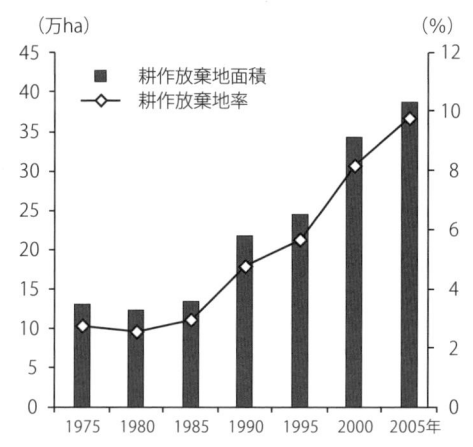

図 4.4 日本における耕作放棄地面積の推移（1975〜2005 年）
耕作放棄地率は経営耕地面積と耕作放棄地面積の合計に占める耕作放棄地の割合．資料：『農林業センサス』．

ように，農地を施設園芸部門に労働集約化したために，それ以外の耕地へ投入可能な労働力が削がれてしまい耕作放棄地（不耕作農地）が形成されることもある．

耕作放棄の防止策として，労働力の面からは，荒木（1992）が兼業同居後継者や他出子（生まれ育った家を離れて暮らしている子ども）による週末農民，作業委託や請負耕作などの方法を指摘している．また，その他にも親類による援農（労働力補完）や賃借（耕地の条件がよい場合）によって耕作放棄地の形成が抑制される場合もある（寺床，2009）．

さらに，耕作放棄地対策の1つとして挙げられるのが，貸農園や市民農園としての活用である．貸農園や市民農園としての利用は，農地環境の維持を図りたい農家と非農家（都市住民）の「農」への関心や作業意欲を満足させるという双方のニーズに合致した農地活用法といえる（樋口，1999）．前述の岐阜市長良地区内においても多くの貸農園が存在し（図 4.5），農家 B では，「1 坪農園」として 12 人の利用者（非農家）に 1 区画あたり年間 6,000 円で貸し付けている．また，栗田ほか（2009）が指摘するように，管理が困難となった農地に対し，一定の管理を請け負うという条件の下，農家が無償貸付けに応じている場合もある．

図 4.5 貸農園周辺の景観と農作業に従事する利用者
岐阜市長良地区. 2011 年 6 月撮影.

　一方，農家側への影響・効果としては，東京都練馬区の農業体験農園のように生産者が講師として利用者に農業講習を行う中で，営農意欲が向上する場合や，活動への満足感や農業への誇りを手に入れられる可能性もある（加藤，2009）．その意味では，単に農地を使ってもらうという意識ではなく，市民と農家をつなぐような活動へと発展させていくことが重要である（工藤，2009）．また，周辺住民が日常的に利用する日帰り型の農園に限らず，地域活性化を目的に宿泊用の小屋（ラウベ）を備えた滞在型市民農園を整備し，遊休農地の解消や都市農村交流によるイメージアップ，農業・農村の理解促進，単なる余暇活動を越えた利用者の農業に対する「本物」志向への対応などを実現していくような方向性もみられる（永井・星，2007；小原，2010；内藤，2011）．
　ただし近年の耕作放棄地の増加は，土地持ち非農家や自給的農家による農地の耕作放棄によるところが大きいため，生産・販売を行っていない（もしくはごく少量だけ行っている）世帯の農地をいかにして有効に活用することができるのか，具体性のある活用計画を策定していくことが必要である．

4.4　農村に忍び寄る黒い影——不法投棄と迷惑施設の立地

　農村は，大多数の人々が暮らす都市部に必要とされないモノや施設を受け入れるべき場所なのだろうか？　こうした問いは，ゴミや産業廃棄物の不法投棄事件や迷惑施設の建設問題，住民の反対運動などの報道をみるたびに想起され

る．例えば，1989年に千葉市の生ゴミを含む可燃ゴミが600 km離れた青森県田子町の民間処分場に移送されていたという事実が発覚し，大きな問題となった．これは都市部のゴミを農村部へ押し付けているともいえる行為である（土屋，2008；栗島，2009）．岐阜市では，2004年3月に北部の椿洞において不法投棄事件が発覚した．これは，岐阜市の許可を受けて産業廃棄物処理業に従事していたA社が，同社の敷地および沢に不法に捨てた産業廃棄物（木くずやプラスチック類など）に土をかぶせて整地するという行為を繰返し行っていたことが警察当局の捜査で明らかになったものである（岐阜市環境事業部産業廃棄物特別対策室，2005）．

一般に産業廃棄物の処理施設は，ゴミ焼却施設や原子力関係の施設などとともに迷惑施設とみなされる．こうした施設は，一般市民の日常生活から遠ざけられるような立地選択がなされており（大窪ほか，1999），市町村の周縁部（特に境界付近）に立地している場合が多い（栗島，2009；新井，2011）．また，施設の立地については，NIMBYという考え方や態度の存在が指摘されている．NIMBY（not in my back yard）とは，社会的必要性は認めるものの，実際に近隣に立地する際には反対する（うちの裏にはごめんだ）という状況を示す語である（栗島，2009；波江，2009）．しかしながら，周縁部とはいえ住民の反対は存在するため，立地の代償として道路やコミュニティセンター・公民館などの整備，焼却施設の熱を利用した入浴施設や温水プール，スポーツ施設，温室などの地域還元施設の建設を抱き合わせることが多い（大窪ほか，1999；栗島，2009）．また，原子力発電所の場合，いわゆる電源三法によって当該地域の地方自治体には莫大な交付金が支払われており，それらの施設が支払う固定資産税なども市町村財政に大きな影響を与えている（梶田，2009）．

岐阜市の事件においても，A社の産業廃棄物処理については1987年に市より業務の許可を受けた直後から，一部の市民が保管や焼却に関する苦情を市に寄せており，岐阜市も計49回に及ぶ行政指導を行っていた．それにもかかわらず，より早期に強力な指導体制が構築できなかった点は，廃棄物行政の徹底が不十分だったといわざるをえない．ただしこのことは，一概に行政（あるいは職員）の怠慢というだけでは終わらない難しい問題を孕んでいる．杉本（2009）や三谷（2006）も指摘するように，産業廃棄物処理対策の部署は担当者にとっ

て過酷な現場である．例えば，杉本（2009）が紹介する元 岐阜市職員の証言「行政指導の際には常に威嚇され，いつも身の危険を感じていた」からもわかるように，行政の怠慢というだけで終わらせることのできない言葉の重みを持っている．しかしながら，不法投棄事件が発覚してダイオキシン汚染などの風評が広がると，現場に近接する幼稚園では複数の児童や教員が園を去り，さらには新規入園児がいなくなり（松井，2008；杉本，2009），休園に追い込まれるという事態も起きている．また，不法投棄された廃棄物が，周辺の土壌汚染や流域の水質を悪化させるような事態になれば，住民はもちろんのこと，営農環境が著しく脅かされることにもつながりうる問題である．椿洞においても一部にはそういった声もあり，下流の川における魚の生息環境の悪化や田植えの際の引水先について不安を覚える人もいるようである（松井，2008）．さらに，家畜ふれあい広場や乗馬施設などを備えた市営畜産センターや市民公園も近傍に立地していることから，地域住民はもとより市民全体への影響も少なくないといえる．

　現時点では，岐阜市の調査結果から周辺環境の汚染が疑われるような事実は確認されていないものの，事件現場の廃棄物層内部において，燃焼とそれに伴うダイオキシン類の生成が確認されたため，2008年3月25日に環境大臣同意を得て，特定支障除去等事業を開始している（岐阜市ホームページ）．

　また，不法投棄およびゴミの散乱が常態化してしまっている場所では，その場所へ投棄することへの罪悪感が減退し，投棄の追加が誘発される場合も多い．ほかにも横山・増田（2001）にあるように，人目が少なく他人から非難される恐れのない場所では，たとえ林地の手入れがなされていても，投棄の対象になりやすいという．このことは，住民のコミュニティ活動が機能し，清掃活動などがきちんと行われている場合でも，周りの目が届かなければ不法投棄は促されるということを示しており，その対応・対策は急務である．また，NIMBY施設の立地についても，「すべての住民が納得するような立地選択は果たして可能なのか？」という非常に解決の困難な問題を内包しているといえる．東日本大震災の発生は，原子力発電所の問題を強く意識せざるをえない我々に多くの問題を投げかけている．加えて，放射性物質による汚染が疑われる周辺地域で収穫された農作物の販路の消失や価格の暴落もまた，営農意欲の低下や農業

経営の継続を困難にしており，目には見えない部分で営農環境を悪化させているともいえよう．

4.5　農村の環境問題の解決に向けて

　本章では，都市スプロールと耕作放棄地の増加，不法投棄や NIMBY 施設の立地といった農村における地域問題と営農環境の悪化を関連付けて考えてきた．伝統的に農業・農村を研究対象としてきた地理学的研究においては，可視的な景観や産業の現状分析が中心で，地域内の社会問題を正面からテーマにする研究はあまり多くはなかった．

　環境を大きく変化させる開発という行為により，受益者と被害者が生じる（杉谷，2004）．農村の環境問題においても，外部者の開発や不法投棄などによって環境が悪化する場合もあれば，農地を都市的土地利用に転用する農民の行為によって生まれる弊害や，農民が経済活動の一環として家畜の飼養や薬剤散布を行い，それが生活環境の悪化につながり，迷惑を被る人が生まれることもある．また，農業従事者の減少や高齢化によって農地管理が不徹底になり，鳥獣害が頻発する場合もある（本田，2007）．こうした意味では，総じて農村内部の人が弊害を被ることが多いものの，農村という地域に関わる人はある面では被害者にも加害者にもなりうるのである．「環境」というフィルタを通してみえてくる地域問題は，多くの人々のまなざしが交錯することで，より複雑性を増しており，現状では解決の困難な問題が山積しているともいえよう．しかしながら，環境問題はその現場となる地域（場所）やそこに生活する住民と深く関わっており，その意味では，われわれ地理学者の農村における研究対象は，経済（産業）や文化にとどまらず，「環境」というキーワードを通じて見えてくる社会問題（地域問題）や，それにまつわる人々の「運動」や「実践」にも目を配る必要があろう（淺野ほか，2009）．また，本章で取り扱ったように営農環境の悪化をどのように打開していけばよいのかなど，地域の課題解決の糸口を探っていくことも，今後，よりいっそう求められていくといえる．

◆ 農村地理学

　農村地理学とは，農村の地域構造やその特質，問題点などを明らかにすることを目的とした地理学の一分野です．伝統的に農村の基幹産業（農林業）の地域的展開や農村景観，コミュニティなどを主要なテーマとしてきましたが，現代農村に生起する諸問題の解決には，より幅の広いアプローチが必要となっています．そのため研究内容も，社会性のあるものや，そうした現象や問題に関係するアクターの役割やネットワークなどに関心が注がれています．さらに分析・考察の範囲も，集落といったミクロスケールの議論に収束せずに，よりマクロなスケールとの関係性や影響を含めた議論が必要となっています．なお，対象とする農村地域の現状把握（分析）にとどまらず，農村計画や政策提言といった実践的・応用的な問題に踏み込んでいく場合もみられます．

[林　琢也]

引用文献

淺野敏久・金 枓哲・伊藤達也・平井幸弘（2009）：環境問題論争における空間スケールに応じた争点の相違と運動の連帯．地理学評論，**82**：277-299．

新井智一（2011）：東京都小金井市における新ごみ処理場建設場所をめぐる問題．地学雑誌，**120**：676-691．

荒木一視（1992）：高齢化農村・広島県高宮町における農業維持のメカニズム．地理学評論，**65A**：460-475．

今井 健（2004）：岐阜市の農業と「地産地消」活動．経済月報（十六銀行 営業支援部），**604**：33-43．

浮田典良（2002）：スプロール現象．『最新地理学用語辞典』（浮田典良 編），p.151, 大明堂．

大窪健之・田中俊樹・小林正美（1999）：清掃工場の立地特性に関する調査研究．日本建築学会計画系論文集，**525**：175-182．

小原規宏（2010）：大都市外縁部における滞在型市民農園の発展とルーラリティの再構築の萌芽——茨城県笠間市の笠間クラインガルテンを事例に．茨城大学人文学部紀要 社会科学論集，**50**：47-60．

梶田 真（2009）：地理学と公共政策．『人文地理学』（竹中克行・大城直樹・梶田 真・山村亜

希 編),pp.233-250,ミネルヴァ書房.
加藤義松(2009):インタビュー 都市農業発・人とのかかわりあいが育てる新しい農業.都市問題,**100**(6):23-33.
岐阜市環境事業部産業廃棄物特別対策室(2005):岐阜市北部における産業廃棄物不法投棄事案の経緯と課題.自治研ぎふ,**76**:2-6.
岐阜市ホームページ(http://www.city.gifu.lg.jp/c/02020007/02020007.html 2012年1月13日閲覧)
九鬼康彰・高橋 強(2002):都市近郊における不耕作農地の利用変化とその要因.農業土木学会論文集,**217**:109-117.
工藤 豊(2009):わが国における市民農園の史的展開とその公共性.日本建築学会計画系論文集,**643**:2043-2047.
栗島英明(2009):ごみの行く末をたどる.地理,**54**(8):60-71.
栗田英治・横張 真・山本徳司(2009):都市近郊地域における農地の非産業的利用の成立過程.ランドスケープ研究,**72**:727-730.
今野絵奈(2010):都市近郊における養豚業の排せつ物処理と堆肥の流通.経済地理学年報,**56**:51-68.
今野絵奈・高柳長直(2009):地域資源としての家畜排泄物の処理.地理,**54**(8):52-59.
杉谷 隆(2004):環境問題と日本人の環境観.『〈シリーズ人文地理学9〉国土空間と地域社会』(中俣 均 編),pp.1-49,朝倉書店.
杉本裕明(2009):岐阜市椿洞事件.『廃棄物列島・日本——深刻化する廃棄物問題と政策提言』(畑 明郎・杉本裕明 編),pp.52-67,世界思想社.
高田明典(2007):群馬県吉井町上奥平における耕作放棄地の拡大とその背景.地理学評論,**80**:155-177.
高橋 誠(1997):『近郊農村の地域社会変動』,古今書院.
高橋 誠(2000):長崎県半島部における耕作放棄地の地域的展開——農業集落カードを用いた分析.情報文化研究,**12**:81-98.
土屋雄一郎(2008):『環境紛争と合意の社会学——NIMBYが問いかけるもの』,世界思想社.
寺床幸雄(2009):熊本県水俣市の限界集落における耕作放棄地の拡大とその要因.地理学評論,**82**:588-603.
内藤重之(2011):市民農園の展開と都市・農村交流.『都市と農村——交流から協働へ』(橋本卓爾・山田良治・藤田武弘・大西敏夫 編),pp.113-131,日本経済評論社.
永井伸昌・星 正臣(2007):山梨県甲斐市における梅の里クラインガルテンの成立基盤.地域研究年報,**29**:99-110.
波江彰彦(2009):昭和30〜40年代にみられた大阪市におけるごみ処理の変動——埋立処分地に着目して.待兼山論叢,**43**:1-18.
樋口めぐみ(1999):日本における市民農園の存立基盤——川口市見沼ふれあい農園の事例か

ら．人文地理，**51**：291-304．

本田 剛（2007）：イノシシ被害の発生に影響を与える要因：農林業センサスを利用した解析．日本森林学会誌，**89**：249-252．

松井英介（2008）：岐阜市椿洞への産業廃棄物不法投棄．日本の科学者，**43**：346-351．

三谷 晋（2006）：椿洞不法投棄事件をめぐる岐阜市の対応についての法的検討――廃棄物処理法の視点から．自治研ぎふ，**80**：29-38．

森本健弘（1991）：茨城県波崎町における集約的農業の発展に伴う不耕作農地の形成．地理学評論，**64A**：613-636．

森本健弘（1993）：千葉県市川市柏井町四丁目における不耕作農地の形成と農業経営．地理学評論，**66A**：513-539．

森本健弘（1995）：関東地方における不耕作農地の分布と形成要因．人文地理学研究，**19**：173-186．

横山恭子・増田美砂（2001）：里山林縁に対するゴミの不法投棄．筑波大学農林技術センター演習林報告，**17**：23-40．

Clout, H. D.（1972）：*Rural Geography : An Introductory Survey*，Pergamon Press［石原 潤・溝口常俊・北村修二・岡橋秀典・高木彰彦 訳（1983）：『農村地理学』，大明堂］．

Hoggart, K.（1990）：Let's do away with rural. *Journal of Rural Studies*, **6**：245-257．

5 山村の環境問題

5.1 日本の山村――過疎化とグローバル化の中で

5.1.1 山村の過疎化

わが国の山村が過疎化に見舞われてからすでに半世紀が経過した．山村の人口減少は高度経済成長期に始まったが，特に1960年代の減少は挙家離村を含む激しいものであった．それゆえ山村社会の解体が心配されたが，実際にはなだれを打ったような崩壊現象は起こらなかった．それは，公共工事に依存した建設業と，外部から進出してきた工場からなる「周辺型経済」（岡橋, 1997）が形成され，山村経済が再構築されたことが大きい．

近年は高度経済成長期に比べると山村の人口減少率は鈍化した．しかし，相変わらず減少そのものは続いている．1990～2000年の動向をみると（岡橋, 2004a），1990～1995年が3.5％の減少，1995～2000年が4.7％の減少で，高齢化に伴い減少率が上昇する傾向がみられる．1990～2000年の10年間では全国山村で8.0％の減少であった．これを地方別にみると（図5.1），国土の中央部とそれ以外の地域でかなりの地域差があることがわかる．人口減少率が10％以上の山村の割合は，北海道，東北，中国，四国，九州では全体の半分以上に達しているのに対し，関東，北陸，東山，東海，近畿では，一部に増加したものさえ認められる．

確かに，1960年代や1970年代のように，10年間で15～20％というような激しい減少はみられなくなったが，長期にわたって人口減少が継続した結果，日本の山村自治体は1960年頃の半分以下の人口に減少してしまったところが多い．特に国土の周辺部の地方では，そのような自治体の比率が高いといえる．

また，これまで若年層に偏った人口流出が続いた結果，山村では高齢化が極端なレベルにまで進んでいる．山村の65歳以上の高齢者比率は2000年現在で28.7％であり（岡橋, 2004b），過疎地域の29.5％とほぼ肩を並べる．日本全体の

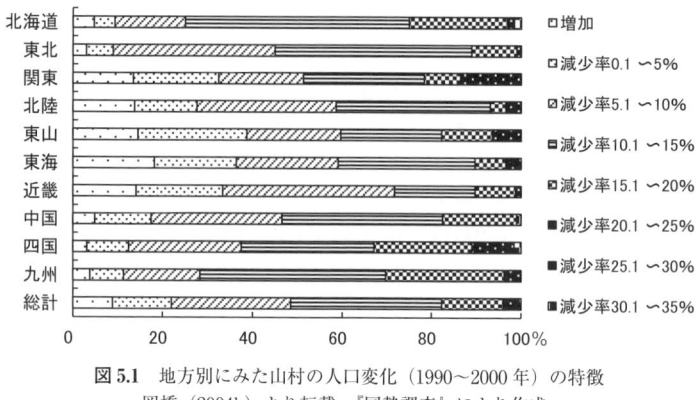

図 5.1 地方別にみた山村の人口変化（1990〜2000 年）の特徴
岡橋（2004b）より転載．『国勢調査』により作成．

17.3％と比べると 10％以上も高くなっている．

　このように山村では人口減少が進んで小規模自治体が多くなった．そこへ到来したのが，2000 年代初頭の平成大合併の波である．山村自治体の人口規模は合併促進の対象とされる 1 万人を下回るものが多く，合併協議に進まざるをえなかった．特に，地方交付税の減額などによる財政の悪化がこの動きを後押しした．その結果，山村どうしの合併もあったが，最寄りの市部に編入合併される形をとったものが最も多かった．このような場合には，もはや地方自治体の単位として山村が存続しないため，山村の政治的自律性は大きく損なわれることになる．また山村を統計の地域単位として容易に把握できなくなるため，問題地域としての山村も見えにくくなる．このような事態の中で，今後も山村が有効な地域概念としてあり続けるかどうか，注目する必要がある．

5.1.2　グローバル化と山村

　山村の経済はこれまでグローバル化によって大きな影響を受けてきた．林業は外材輸入の増大によっていち早く打撃を受け，日本の木材自給率は 1969 年には 50％を割り，その後も低下を続けて 2001 年には 18.4％という低水準となった（西野，2008）．農業の場合は，1993 年のコメの部分的な輸入自由化に代表されるように，1990 年代に入って農産物輸入がいっそう拡大をみせた．特に，それまで自給率が高かった生鮮野菜の輸入が急増したのが大きな変化である．

こうした状況の中で，農産物の価格も低下し続けた．今後，経済連携協定（EPA：Economic Partnership Agreement）や自由貿易協定（FTA：Free Trade Agreement），環太平洋戦略的経済連携協定（TPP：Trance-Pacific Partnership）が締結され，特定国との間で農産物関税の撤廃や削減が進んでいけば，さらに農山村に大きな影響が出てくるといえよう．経済面ではさらに，中国などの途上国への工場進出が相次ぎ，山村に立地していた工場が撤退したり廃止されたりしたことも大きな影響を与えた．

グローバル化は，上述のように山村経済にマイナスのファクターとして強く作用してきたが，他方でプラスに作用する側面もないわけではない．特に重要なのは地球環境問題との関係である．世界的に環境保全が重視される中で，森林や農地の機能，そこで行われる農林業の経済活動が新たな観点から評価されるようになってきた．これまで山地という自然環境は山村の条件不利性の象徴であったが，それが逆に山村に新たな機能を与える存在に転化しつつある．例えば農林水産省は2009年12月に「森林・林業再生プラン」を公表したが，基本理念として，森林の有する多面的機能の発揮，林業・木材産業の地域資源創造型産業への再生，木材利用・エネルギー利用拡大による森林・林業の低炭素社会を掲げている．また，環境省では国連大学と協力して，名古屋市で開かれたCOP10（生物多様性条約第10回締約国会議）を契機に「SATOYAMAイニシアティブ」を提起した．日本の里山をモデルとして，生物多様性の保全にとっては，原生的な自然の保護のみならず，人間活動の影響を受けて形成・維持されている二次的自然環境の保全が重要なことを訴えたのである．こうした動きの中で近年，山村の環境問題が注目されるようになり，これと関わって持続可能な山村社会の在り方が改めて問われているといえよう．このように考えると，山村概念の今後にとって環境問題が大きな鍵となることが理解できる．

5.2　山村問題と環境問題

5.2.1　山村問題の構造

ここでは，山村問題全体を俯瞰しながら，山村の環境問題の特徴を述べてみたい．山村問題は多岐にわたるが，表5.1のように，性格の異なる4つの問題，

表 5.1 山村問題の重層性と政策課題

問題領域	主な政策課題
①中心地域（都市）からの遠隔性 　道路整備などにより改善，公共交通の維持や個人間の移動性の格差に問題が残る	・公共交通対策 ・情報化への対応
②人口の希薄さと小規模社会 　公共サービス供給において人口規模の小ささ，需要密度の低さがネックとなる	・集落システムの再編・整備 ・サービス立地と供給
③経済的衰退と周辺化 　農林業の衰退，工業・建設業の後退，自律性の弱さ，労働力高齢化の問題	・周辺型経済からの脱却 ・知識社会型の経済システムの構築 ・地方中小都市を含む小規模経済圏の振興
④生態系空間の不安定化と保全問題 　社会経済変化の中で保全が困難化，他方で公益的機能の評価が高まる	・環境保全 ・景観保全 ・公益的機能に見合った所得・財政上の措置

注：岡橋（2004a）を一部修正．

「中心地域（都市）からの遠隔性」，「人口の希薄さと小規模社会」，「経済的衰退と周辺化」，「生態系空間の不安定化と保全問題」が重層し，複合したものと捉えることができる（岡橋，2004a）．これらと山村の環境問題はどのように関連するであろうか．

第1の問題「中心地域（都市）からの遠隔性」と第2の問題「人口の希薄さと小規模社会」は，ともに山村住民の生活環境に関わる．その劣悪な条件が過疎化を進める要因にもなってきた．戦後全国的に農村生活の都市化が進んだが，それにつれて，山村では都市からの遠近，都市へのアクセスの良否が生活全般を左右するようになってきた．それゆえ，行政においてもアクセスの改善に関わる社会資本，特に道路整備に大きな力が注がれた．その一方で，アクセスがあまり改善されなかった集落では挙家離村などにより過疎化が進んでいった．山村は一般に人口密度が低く，地域社会の規模も小さいため，財やサービスを供給する施設の立地に不利に働く．例えば小売業の場合を考えてみると，モータリゼーションに伴い最寄り都市へのアクセスが向上すると，購買力が流出して域内の機能の急速な衰退を招くことも少なくない．さらに，1980年代以降になると，教育，文化，医療，福祉，交通などの公共サービスにおいても供給面の格差が問題となってきた．以上のプロセスは，特に山村の高齢者に対し，モビリティの問題と財・サービスの供給不足が結びついて，深刻な生活問題をも

たらしている．また山村内部でも利便性の高い地域とそうでない地域の間に格差をもたらしている．

　これまで過疎問題の議論の中で最も重視されてきたのは，第3の「経済的衰退と周辺化」の問題である．高度成長期初期に過疎化が始まった頃は木炭生産などの一部の伝統的産業部門の崩壊が激しかったが，農林業の衰退はまだそれほど深刻ではなかった．1970年代以降になると都市部からの工場の進出や公共事業依存の建設業の成長により地域労働市場が拡大する．雇用機会が拡大した結果，中高年層が山村で定住する条件が整えられた．その結果，兼業化が進行して農林業の後退にいっそう拍車がかかった．1990年代に入ると，このような周辺型の経済が徐々に立ち行かなくなってくる．農林業は円高とグローバル化の中で輸入の影響をいっそう強く受けるようになった．今日の山村経済においては周辺型経済からの脱却が大きな課題となっている．

　「経済的衰退と周辺化」の問題は農林業の衰退や兼業化による担い手の減少を通して，次の第4の問題「生態系空間の不安定化と保全問題」を深刻化させる．今日の山村の環境問題はこの点と関わるところが大きい．山村は本来山地の比率が高い地域であるから，自然生態系との関係がきわめて深く，市場経済以前の自然経済の段階ではこうした生態系に依拠して様々な生業が営まれてきた．この段階では生存のための生業が自然生態系と密着した形で行われ，相互の関係は相対的に調和的であったといえよう．これに対し，市場を通じた交易が第一義となる商品経済の段階に入ると，経済活動は自然生態系との関わりを弱め，さらに環境の破壊あるいは荒廃さえも生じさせたりして，相互の調和的関係が大きく崩れてくる．農地の開発や人工林の拡大が自然生態系を破壊する一方，農林業の衰退も耕作放棄や農地の荒廃，人工林の放置をもたらし，ともに自然生態系として問題のある状況を生み出す．こうした変化は，市場経済のメカニズムに基づくものであるが，市場経済は農林業の公益的機能を評価しえない点で「市場の失敗」を内包する．それゆえ，農林業の公益的機能を評価し自然環境や文化景観を保全するためには，直接所得保障などの市場外の政策的措置が必要となる．しかし，これについてもグローバル化の中で進む農産物貿易の自由化とどのように調和させるかという，大きな課題が存在する．

　以上のように，今日の山村問題において，自然生態系を中心とした環境保全

問題の重要性が高まりつつあるといえよう．

5.2.2 限界集落の拡大

すでにみたように，過疎化の開始以来，約半世紀が経ったわが国の山村では，極端な高齢化と戸数減少にみまわれている集落が少なくない．5.2.1項で述べた「中心地域（都市）からの遠隔性」，「人口の希薄さと小規模社会」が集落レベルで限界化したケースである．特に早くから過疎化が進んだ西南日本ではそれが顕著である．中国山地の広島県加計町（現 安芸太田町，図5.2）を対象に集落群の変動を検討した岡橋（1995）は，このような動きを提示している．1960～1990年の集落別人口減少率をみると，幹線道路から外れた高位集落（標高約300～600 m）で100％の人口減少（すなわち廃村）が5集落みられ，さらに75％を超える減少を示し廃村化の危険性が高いものも12集落見出された．このように高位集落で激しい人口減少が生じ廃村化の危機を迎えつつある一方，谷沿いの低位集落では人口の減少率が低く，中には増加する集落もみられた．このように山村では集落システムに大きな変動が生じていたが，それに対応した集落対策は特に採られなかった．それゆえ，近年，限界集落が問題となっているが，

図5.2 広島県の旧 加計町（現 安芸太田町）空谷の高位集落（標高400 m付近，2012年）
高齢化と耕作放棄が進んでいる．冬場は集落への道路が除雪されるものの，狭い山道のため，危険な運転を強いられる．

このような事態はある意味で予測されたことであったともいえる．

　このような危機に瀕した集落を「限界集落」と名付けて問題提起したのは大野（2005）である．西南日本の，特に過疎化の深刻な四国の山村の実態をふまえて提示されたものであった（中国山地の限界集落の実態については曽根（2010）を参照）．厳密には，限界集落を「65歳以上の高齢者が集落人口の50％を超え，独居老人世帯が増加し，このため集落の共同活動の機能が低下し，社会的共同生活の維持が困難な状態にある集落」と定義した．限界集落が全国の山村にどの程度あるかは未だ不明であるが，近似的なデータにより推測することは可能である．過疎地域自立促進特別措置法の対象となっている市町村の集落を対象に国土交通省が2006年に行った調査（国土交通省，2007）により，高齢者（65歳以上人口）が50％以上を占める集落を近似的に「限界集落」とみなせば，全国の過疎地域に7,900近くあり，全集落の約13％を占めることが判明する（表5.2）．そのうち，67％の5,164は山間地，21％が中間地に位置する．過疎地域でも特に山村に「限界集落」が多いことが知られる．しかし，山村は決して限界集落一色であるわけではない．表5.2のように，山間地の全集落のうち「限界集落」は約26％である．また，地方別に過疎地域全集落に占める「限界集落」の比率をみると，四国：20.6％，中国：18.1％，中部：15.7％，近畿：15.2％で特に高率となっている．限界集落は大きな社会的反響を呼んだが，農

表 5.2　地域類型別，高齢者の割合別にみた過疎地域の集落数（％）

	高齢者（65歳以上人口）の割合別の集落数			計
	50％以上	50％未満	不明	
山間地	5164 (25.6)	14380 (71.2)	637 (3.2)	20181 (100.0)
中間地	1682 (9.4)	15402 (85.8)	857 (4.8)	17941 (100.0)
平地	849 (4.5)	17284 (91.7)	725 (3.8)	18858 (100.0)
都市	146 (2.9)	4734 (95.9)	58 (1.2)	4938 (100.0)
無回答	37 (10.4)	304 (85.6)	14 (4.0)	355 (100.0)
合計	7878 (12.6)	52104 (83.7)	2291 (3.7)	62273 (100.0)

注：山間地＝山間農業地域，林野率が80％以上の集落．中間地＝中間農業地域，山間地と平地の中間にある集落．平地＝平地農業地域，林野率が50％未満でかつ耕地率20％以上の集落．都市＝都市的地域，DID（人口集中地区）のある集落．

資料：国土交通省（2007）より作成．

山村の画一的な見方を助長するものであってはならない．大野（2005）自身が行っているように，他の集落類型や限界自治体の議論など地域を重層的に捉えていくこと，さらに地域資源や環境保全問題にも視野を広げていくことが求められる．また，藤田（2011）のように「抵抗山村」，「抵抗集落」という捉え方も必要であろう．

5.3 山村の環境保全と土地問題

5.3.1 山村の環境問題

今日の山村では，いかなる環境問題が発生しているのだろうか．図5.3は，過疎地域の市町村担当者に対して，多くの集落で発生している問題や現象を複数回答で尋ねた結果のうち，環境問題に関わる項目のみを抜き出したものである．対象地域は山間地が3分の1を占め最も多いが，中間地や平地も含まれることに注意されたい．まず第1位は「耕作放棄地の増大」で60%を超え，第2位に「空き家の増加」が57.9%で続く．さらに少し減じて，第3位「森林の荒廃」

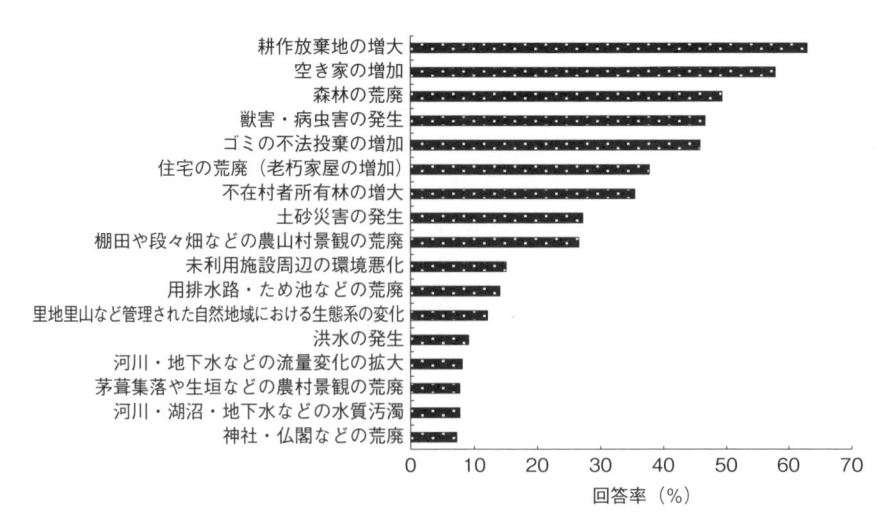

図5.3 過疎地域の集落で発生している環境問題
多くの集落で発生している問題や現象に関する市町村担当者へのアンケート結果〔複数回答〕．
国土交通省（2007）より作成．

(49.4％)，第4位「獣害・病虫害の発生」(46.7％)，第5位「ゴミの不法投棄の増加」(45.9％) が40％台の数値で並ぶ．30％台になるが，第6位「住宅の荒廃(老朽家屋の増加)」や第7位「不在村者所有林の増大」もある程度みられる．

　これらの問題状況を表す項目からは，山村が抱えている環境問題を概観できる．まず過疎化に伴う集落の居住空間の荒廃，周囲の農地・森林の荒廃があり，そしてこのような村落社会および自然生態系の変化が野生生物による被害の増大，外部からのゴミの不法投棄をも生じさせていることがわかる．今後，景観全体の荒廃や自然災害問題へと発展する可能性がある．これは上流域の山村の環境問題が，より広域の流域全体の問題となることを意味する．

5.3.2　山村の土地問題

　5.3.1項でみたような山村の環境問題は，山村の土地問題として捉えることができる．山村では，戦後の過疎化の時期までは，傾斜地でも棚田を作るなどして農業に利用されてきた．戦後の食料不足時代には，開拓によって一時的に耕境（農地の耕作が経済的に成り立つ限界）の拡大さえみられた．しかし，その後は雑穀などの畑作物の衰退や，平地との生産性格差の拡大により，農業の後退が進む．特にコメの生産調整政策，農家の兼業化，そして農業従事者の高齢化などにより，山村の農地の限界地化が進み，耕作放棄が激増していった．一方で，1990年代から棚田の保全が叫ばれるようになり，また2000年からは条件不利な傾斜地に対して耕作放棄を防ぐために農業生産を行う農業者に国が直接交付金を支払う中山間地域直接支払い制度が発足するなど，農地保全の動きも強まっている．

　山村の林業的土地利用は，一部の人工林業地域を除き薪炭林が中心だったが，戦後まもなくのエネルギー革命により薪炭生産が壊滅的な打撃を受けると，木材価格の上昇もあって全国的に造林ブームとなった．スギやヒノキに偏った植林が急速に進み，新興の人工林業地域が形成されていった．しかし外材輸入の拡大による木材価格低落に伴い造林の勢いは弱まり，林業従事者も減って，植林はしたものの育林の不十分な林分が広範囲に出現した．また針葉樹に偏った造林は自然生態系のバランスを崩し，野生動物の生息にも大きく影響した．

　以上のように山村では農林地利用の粗放化がみられるが，この問題を難しく

しているのが土地所有問題である．山村では，人口が流出しても土地が残留者に集積されることは少ない．むしろ，離村者が土地の所有を継続している場合が多く，また域外の法人や個人へ売却されることもある．その結果，不在村所有者が増えており，農林地の粗放化や管理不足に結びつき，山村の農林業経営や農林地の管理・保全に多くの問題をもたらす．藤田（1998）の「社会的空白地域」や大野（2005）の「限界集落」では，農林地の集団的利用が課題となりつつある．農地の場合は，すでに集落法人により共同で管理されているケースも少なくない．農林業的土地利用には，国土保全，環境維持，保健休養，文化・教育などの幅広い公益的機能があるだけに，農林地の集団的な利用と管理を促進すべき時期に来ているといえよう．

5.4 持続可能な山村の構築に向けて

今後の山村問題においては環境問題の比重が高まっていくに違いない．これは地球環境問題への対策と関わるところが大きいが，それ以上に，日本の山村問題を歴史的にみた場合に生態系空間の保全がそもそも問題としてあるからである．それゆえ，21世紀の日本の山村は，環境問題への対応を行いながらそれを経済における周辺性の克服に結びつけ，持続可能な山村を築いていく方向に進むと考えられる．例えば，CO_2排出権取引に利用される「カーボン（炭素）・クレジット」や，代替燃料の「バイオマス」は山村の森林資源の評価を高める方向に働くに違いない．問題は，このような山村の再生を担うアクターである．平成大合併で政治的な主体性を低下させている山村が多い中で，従来のような行政主導だけでは無理があり，NPO，企業，大学のような，より多様な主体のネットワークが重要であろう．特に，これまで山村との連携が少なかった企業との協働が大きな課題となる．注目される事例として，山村と企業をマッチングするための支援組織として2009年から活動を始めた「山村再生支援センター」を挙げておきたい．

このような環境問題への志向は，日本の山岳地域や山村にこれまで以上にグローバルな視野を与えている．しかし，他方でローカルな視点も見逃せない．日本では国全体に森林が分布し，それが良質な水を大量に供給している．この

観点からは，流域として山村を守っていくという意識と取組みが大きな課題となるように思われる．

> ◆ 山村地理学
> 　農村地理学の一分野．地理学では戦前から多くの山村研究が行われてきました．当初は，集落地理学の立場から，山地という自然条件の下で固有の地域性を示す村落社会の実態が地誌的に研究されました．戦後の高度経済成長期に入ると，山村の過疎化が始まります．その変貌を明らかにするために多くの研究が行われましたが，挙家離村，廃村，農林業の衰退など集落レベルの研究に始まり，山村問題や地域振興に焦点を当てた経済地理学的な研究へと展開していきました．地方自治体としての山村が平成大合併により姿を消しつつある今日，山村地理学の新たなパラダイムが問われています．

[岡橋秀典]

引用文献

大野　晃（2005）:『山村環境社会学序説——現代山村の限界集落化と流域共同管理』, 農山漁村文化協会．

岡橋秀典（1995）: 西中国山地・広島県加計町における過疎化と集落システムの変動. 地理学評論, **68A**: 657-679.

岡橋秀典（1997）:『周辺地域の存立構造—現代山村の形成と展開』, 大明堂．

岡橋秀典（2004a）: 過疎山村の変貌.『〈シリーズ人文地理学9〉国土空間と地域社会』（中俣均 編）, pp.110-136, 朝倉書店．

岡橋秀典（2004b）: 21世紀の日本の山村空間——その可能性と課題. 地学雑誌, **113**: 235-250.

国土交通省（2007）: 国土形成計画策定のための集落の状況に関する現況把握調査, 国土交通省．

曽根英二（2010）:『限界集落——吾の村なれば』, 日本経済新聞出版社．

西野寿章（2008）:『現代山村地域振興論』, 原書房．

藤田佳久（1998）:『日本山村の変容と整備論』, 地人書房．

藤田佳久 編（2011）:『山村政策の展開と山村の変容』, 原書房．

Ⅱ 農山村と環境

6 里山環境の破壊と保全

6.1 里山とは何か？

　2010年10月，名古屋で生物多様性条約第10回締約国会議（COP10）が開かれた．日本はそこで「SATOYAMAイニシアティブ」なる概念を提唱，世界各地の里山をつなぐ国際ネットワーク［SATOYAMAイニシアティブ国際パートナーシップ］を発足させた．「里山」はいま国際的に通用する概念になりつつある．環境省の調べによれば，インドネシア，フランス，アルゼンチン，韓国，フィリピン，スペイン，マラウイなど各地で里山と共通する土地自然活用の例がみられるという（平井，2010）．

　なぜ今日，里山がこのように国際的な注目を集めてきたのか．それは1992年にリオデジャネイロで開かれた国際環境開発会議（地球サミット）において，「気候変動に関する国際連合枠組み条約」とともに「生物の多様性に関する条約」が地球環境に関わる緊急の課題として採択されたところに遡る．この条約は締約国に生物多様性の保全と持続可能な利用を目的とした国家戦略の策定を求めている．日本は条約締結後，1995年に生物多様性国家戦略を発表し，2002年には「自然と共生する社会」という政策課題を背景とした「新国家戦略」を策定した．さらなる見直しによって2007年に「第三次生物多様性国家戦略」，2010年には「生物多様性国家戦略2010」が策定されている．「新国家戦略」では3つからなる生物多様性の危機の構造が明示された（環境省，2002）．

　第1の危機は，人間活動ないし開発が直接的にもたらす種の減少，絶滅，あるいは生態系の破壊，分断，劣化を通じた生息・生育空間の縮小，消失である．第2の危機は，生活様式・産業構造の変化，人口減少など社会経済の変化に伴い，自然に対する人間の働きかけが縮小撤退することによる里地里山などの環境の質の変化，種の減少ないし生息・生育状況の変化である．第3の危機は，外来種など人為的に持ち込まれたものによる生態系の攪乱である．これらの危

6.1 里山とは何か？

機克服に関わる里山という人間の関与した自然を保全する取組みが，いま世界的にみても重要であると考えられるようになってきたのである．

ところで，里地，里山とは何か．長野県自然保護研究所（2003），丸山（2007）などによってその定義は整理されているが，改めて整理し直しておこう．

行政的に「里山」の用語が取り入れられたのは1987年の第四次全国総合開発計画であり，「里地」は1994年の環境基本計画で用いられている（丸山，2007）．環境省は，一般には薪炭や刈敷（樹木の枝葉を刈り取って水田や畑に緑肥として敷き込むこと）に用いられていた二次林を里山とし，それに加え，ため池，水田，畑地，集落を含む領域を里地と呼ぶこともある．しかし，その定義は確定していないとし，それらを包括した概念として「里地里山」を用い，「新国家戦略」以降，それを多用している．いわく「さまざまな人間の働きかけを通じて環境が形成されてきた地域であり，集落を取り巻く二次林と，それらと混在する農地，ため池，草原等で構成される地域概念」（環境省，2002）である．

そもそも「里山」という語が用いられたのは江戸期といわれ（所，1980），単に里に近い山という意味で使われたようだ．この用語は1960年代の高度経済成長期に森林生態学者の四手井綱英によって，農地に続く森林，すなわち農用林に対して与えられることになった（四手井，1993）．その後，研究者によって微妙に異なった定義のもとに用いられるようになる．例えば，薪炭林や農用林に限定して用いる例（重松，1998），農用林のほか田畑，草地，あぜ，ため池，水路などを含むセットに用いる例（田端，1997：田端の場合，農用林は里山林と呼ぶ；長野県環境保全研究所，2006），農用林と採草地を「里山」と呼び，それらに集落，水田，水辺なども加えて「里地」と呼ぶ例（武内，2001）や，それを「里地里山」と呼ぶ例（養父，2009）などである．また，人間とそれを取り巻く自然とが相互作用するシステムである（広木，2002）という見方もある．さらに，自然保護・環境保全の運動面からみるとき，農業環境全体の維持が理想だとはいえ，次善の策として里山林のみの保全ということがあってもよく，「里山」という象徴的な表現は雑木林，二次林に与え，農業環境全体は「里山農業環境」と呼ぶという例（丸山，2007）もある．

かくして「里山」の名称は，セットあるいはシステムとしての農業環境に用いる場合（田端，1997；広木，2002；長野県環境保全研究所，2006）と，農用

林，二次林に限定的に用い（重松，1998；武内，2001；丸山，2007），農業環境全体は「里地」（武内，2001），「里山農業環境」（丸山，2007），「里地里山」（養父，2009）などと呼ぶ場合があることになる．これに対して四手井は改めて，「里山の生態系とは森林が持っていた固有の物質循環系を断ち切り，人々が有機物を水田に流出させるという物質の流れを作り出したものであり」（四手井，2009），「里山はいわば農業の犠牲林であって農業にかかわりのない『低林』に当てるべきではない」（四手井，2006）との見解を示している．いずれにせよ，大きくみると「里山」には，農用林に限定的に用いる狭義のものと，農村景観そのものにあてる広義のものがある．したがって，「里山」という用語を吟味なしに使うと保護・保全運動のあり方に混乱をもたらす可能性もある．

本章では，「里山」の保全は地域の望ましい環境の創造につながらねばならない（長野県環境保全研究所，2006）という観点から，農業環境全体を「里山」，農用林を「里山林」と呼ぶ田端（1997）などの用法を踏襲する．

6.2 里山の危機

里山は数千年にもわたる人間の関与の中で築き上げられてきた生態系であり，その中で多様な生物種が維持されてきた．いま，その里山の多くが放棄され，開発の波にさらされ，多様な生物種の絶滅が危惧されている．里山にどのような危機が迫っているのか，多摩丘陵を事例にみてみよう（岡，2008a）．

丘陵地には谷戸と呼ばれる地形が顕著である．谷戸とは，地域によっては谷津とか谷地とも呼ばれる丘陵地，台地に発達する小さな谷である．斜面に湧き出た湧水が次第に後退して出来上がったものであり，湧水の背面は比較的急な斜面，その前面は緩やかな堆積面となっている．その結果，地形面によって土壌水分の違いが生み出され，多様な環境を作り出している．

湧水の存在ゆえに，谷戸には早くから人々が住みついたと考えられ，旧石器時代相当の遺跡も数多く発見されている．丘陵地では縄文期には狩猟・採集のほか焼畑も行われており（東京都埋蔵文化財センター，1996），大陸から伝来した稲作は，湧水と小規模ながらも平坦面を持つ特徴的な地形を生かして谷戸に定着したと考えられる．斜面の樹林は燃料や肥料として活用されるようになり，

6.2 里山の危機

図 6.1 谷戸の奥に不法に投棄された粗大ゴミ
2007 年 5 月 20 日，川崎市黒川地区の谷戸．

この小さな流域に斜面林（ヤマ），田畑（ノラ），住居（ムラ）というセットが出来上がることになった（守山，1997）．これが，まさに丘陵地における里山である．

しかし 1960 年代の高度経済成長期には燃料革命，肥料革命によってヤマの命運が断ち切られ，さらにコメの生産調整（減反）などによって兼業化や耕作放棄が進行し，狭くて生産効率の悪い谷戸田の宿命として，まず最初に見放されることになった．谷戸は安く買い叩かれ，跡には種々の「迷惑施設」がはびこり，ゴミの不法投棄場所にも選ばれてしまった（図 6.1）．谷戸は里山崩壊の象徴的な場として位置付けられるのである．

多摩丘陵の開発は鶴見川流域が先鞭を切る．それは 1953 年に始まる東急電鉄による林地買収（多摩田園都市構想）であり，1960 年の住宅公団（当時）による百合ヶ丘団地開発であった．多摩川，特に大栗川流域の開発計画は 1960 年代に具現化する．当時，多摩町役場は鬱蒼と茂る森のなかにあった．稲城町・多摩町・町田市・由木村の地目区別土地面積では山林が 43% を占め，宅地は 11% 足らず（日本地理学会，1997）．谷戸の農地を中心にした静かな暮らしが息付いていた．しかし，東京への人口集中を背景にした無秩序な開発も進行しつつあっ

図 6.2 産業廃棄物置き場になっている谷戸
2007 年 5 月 21 日，八王子市上柚木・中山地区の谷戸．

た．それらを解消するため，多摩ニュータウン計画が 1965 年に新住宅市街地開発事業（新住事業）として決定され，「30 万都市づくり」が開始された．入居は 1971 年であった．新住事業は丘陵尾根部を中心に展開された．それにかかる谷戸はひたすら埋め尽くされ，そのほとんどが道路などに変わった．

　他方，多くの田畑が立地し，集落も点在していた谷戸をはじめとする谷部の開発は，土地区画整理事業で施工された．土地区画整理事業は公共施設の整備とともに土地区画の変更によって土地利用を促進させるものであったが，その規制は緩く，様々な土地利用が混在することになった．いわゆるスプロール化である．それは多摩ニュータウン計画域外ではさらに助長され，結果として壊滅的な影響を受ける谷戸も現れた（図 6.2）．

　多摩丘陵では，このように耕作放棄と開発が相俟って，谷戸，里山は消滅の憂き目にあってきた．生物多様性という観点からすれば，アンダーユース（利用不足）による危機（第 2 の危機）のみならず，オーバーユース（過剰利用）やロングユース（不適切な利用）による危機（第 1 の危機），あるいは移入種による危機（第 3 の危機）にもさらされている．

6.3 里山の保全

1990年代後半に入ると，里山保全の取組みは全国に展開するようになった．ここでは東京都の施策と多摩丘陵における事例をみてみよう（岡，2008a；b）．

東京都は2000年に都内多摩地域の丘陵地における谷戸の保全に関する調査を行った（東京都環境局自然環境部・株式会社愛植物設計事務所，2001）．まず2500分の1の地図上で，尾根線で囲まれた谷のうち，その比高が300 m以下で谷底部を有するものを抽出した結果，404を数えた．そのうち177カ所が多摩丘陵にある．1987年の状況と比較すると，丘陵地の開発によって消えた谷戸は全体で48カ所あったという．次に地形の複雑さ，集水域の面積や開発地の割合を評価して「自然環境の資質」を6段階に区分した．最高のAランクに位置付けられたものは5つあり，そのうちの4つが多摩丘陵のものであった．これらは保全制度などの適用，保全施策の状況，市民による保全管理活動，開発計画の状況といった社会的条件によって，さらに評価区分された．すでに保全整備され，市民による管理・調査が行われている谷戸も数多くみられたが，一方で開発によって丘陵地が孤立し，何ら保全制度の網がかかっていない谷戸も多く，多摩丘陵では40カ所で土地区画整理事業が進行・計画されていることも判明した．

東京都は同時に「東京における自然の保護と回復に関する条例」に基づき，①自然環境保全地域，②森林環境保全地域，③里山保全地域，④歴史環境保全地域，⑤緑地保全地域を設定しているが，谷戸はそれぞれの保全地域で重要な位置を占めることが多い．2006年に里山保全地域として指定を受けた横沢入地区（日の出町，あきる野市）もいくつかの谷戸の集合体である．谷戸を基盤とする八王子堀之内地区（八王子市）も2009年に里山保全地域の指定を受けた．東京都は谷戸を含む里山の保全を展開する仕組みを検討しており，多摩地域の丘陵から三浦丘陵に至り，さらには関東山地の山麓を縁取る里山回廊の設定も視野に入れている．

開発の嵐にさらされた多摩丘陵にも辛うじて残った谷戸がある．その1つ，鶴見川水系の図師・小野路地区（町田市北西部）の谷戸を含む山林田畑約33 ha

を，東京都が「歴史環境保全地域」に指定したのは1978年である．これは歴史的遺産と，それらと一体になった自然の保護を目的に，人の立入りを制限し，営農行為によってのみ自然環境を保全するというもので，その利用に厳しい制限があった．この規制は伝統的な土地の管理法や慣習に馴染まないものも多く，さらに全域が市街化調整区域に指定され，土地売却に際しては不利な条件となっていたため，地域住民には必ずしも受け入れられるものではなかった．地権者の申入れの結果，保全地域指定の前提として，公有地化のための土地売却時の税制優遇措置（1,500万円控除）や市街化区域の土地価格を勘案することを盛り込んだ「公有地の拡大の推進に関する法律」が適用されることになった．保全地域指定後，多摩ニュータウンをはじめとする近隣の開発に伴い，多くの人々が谷戸を訪れるようになったが，希少植物の盗掘やゴミ投棄，山林田畑への車の乗入れなど，様々な問題が山積するようになり，その一方で高齢化や減反政策のあおりから，人手のかかる谷戸田での耕作放棄や就農人口の減少が際立ち，谷戸，里山は荒廃の一途をたどることになった．

　当初，区域内の公有地化した土地の管理は東京都の委託業者が行っており，谷戸の環境区分に応じた管理は成し得ない状況が続いた．1992年には，地元住民による植生管理組合制度が提言され，地域環境保全事業を基軸として地域の活性化と経済性を高めることを目的とした「町田歴環管理組合」の設立が宣言された．東京都は1996年に「町田歴環管理組合」への保全地域植生管理委託を決定し，地元の伝統的管理手法を集成した「保全地域における谷戸の管理手法調査報告書」の手法に沿った随意契約を行い，有償での管理体制が確立することになった．その結果，神明谷戸，五反田谷戸などが，ため池を含めて往時を偲ばせる姿に移り変わっていった（図6.3）．先の東京都評価基準「自然環境の資質」では神明谷戸，白山谷戸が最上級（Aランク）に評価されている．この環境保全型農業を担う労働力として，町田市民の公募や，東京都が実施するグリーンシップ・アクションに参加する企業からのボランティアなども大きな役割を果たしてきた．

　この事例に，われわれは保全の成否に関するいくつかの教訓を見出すことができる．それは，行政による網掛けは重要ではあるがそれだけでは十分ではないこと，活動の主体が地元に根付いており，その管理手法には伝統的な裏付け

6.3 里山の保全

図 6.3 修復され，田植えの準備が整った谷戸
2007年5月13日，町田市図師・小野路地区の谷戸．

もあって地域の文化が継承されていること，行政・市民団体・企業などが有効なパートナーシップを構築し，財政的な支援とともに継続的にボランティアの力が導入されていることなどである．

里山は人間の生活のために利用されてきた空間であり，人間が営々として築いてきた水田・畑地を中心とする農業環境である．それによって維持されてきた多様な生物種が大事であるとするならば，人々が里山を放棄せざるをえなくなった背景にも思いを馳せる必要がある．高度経済成長のなかで，グローバリゼーションのなかで，農業および農村は崩壊の一途をたどってきた．その結果としての里山放棄である．何代にもわたって農地を作り育んできた農民が，好き好んで農地を捨てるわけがない．その意味で，守山（1988）のいうように，里山の，中山間地の生物多様性を守るということは，人々の暮らしや文化を守るという命題につながる．生物多様性の保全は，すなわち人々の暮らしや文化を創出してきた地域の多様性の保全でもなければならない．

人間が暮らすための活動が里山の生態系の中で一定の役割を果たし，結果的に自然をも豊かにすることが肝心なのだ（田中，2003）．そのためには，単に里山の管理の担い手を都市住民がボランティアで肩代わりするというのではなく，地域住民と交わって地域おこしに関わることが重要である．日本各地，世界各地の里山，SATOYAMA は様々な自然環境に立地し，そこには様々な生活

が展開してきたはずである．生物多様性の保全につながる里山の保全は，そうした地域性，地域の文化を掘り起こし，多様な地域性の下での地域づくりそのものでなければならないのではなかろうか．

◆ **植生地理学**

　植生は，その生育活動を通じて大気と大地の相互作用に直接関与し，また，人間の干渉にも直接関わっています．植生地理学の目標は，植生がどのような集団を成して地表を覆い，それらがどのように変化してきたかを知ることです．「植生は土地の顔である」(牧田，2001) ともいいます．そこをどのような植生が覆っているか，あるいは覆っていないかが，その地表の性質を代表しています．そしてそれは，その土地における人間活動の歴史も物語っています．植生はその土地の景観構成要素の基本をなし，その土地の持つ複合性を反映することになります．だからこそ，地理学の中における植生研究のさらなる発展が望まれるのです．

[岡　秀一]

引用文献

岡　秀一 (2008a)：多摩丘陵の谷戸を巡る小さな旅——谷戸とはどんな場所か．地理，**53**(4)：86-93.

岡　秀一 (2008b)：多摩丘陵の谷戸を巡る小さな旅——地域活性化の舞台になった谷戸．地理，**53**(5)：108-116.

環境省 (2002)：『生物多様性国家戦略』(http://www.kantei.go.jp/jp/singi/kankyo/kettei/02032tayousei_f.html 2010年9月28日閲覧)

重松敏則 (1998)：身近な自然——里山．『自然保護ハンドブック』(沼田　眞　編)，pp.255-276, 朝倉書店．

四手井綱英 (1993)：『森に学ぶ　エコロジーから自然保護へ』．海鳴社．

四手井綱英 (2006)：私の里山論．『森林はモリやハヤシではない』，pp.186-214, ナカニシヤ出版．

四手井綱英 (2009)：近畿の「もり」の特徴．『これからの日本の森林づくり』(四手井綱英・四手井淑子・有光一登・岩坪五郎・大住克博・荻野和彦・只木良也・田淵隆一・村尾行一・

渡辺弘之 著），pp.27-31，ナカニシヤ出版．
武内和彦（2001）：二次的自然としての里地・里山．『里山の環境学』（武内和彦・鷲谷いづみ・恒川篤史 編），pp.1-9，東京大学出版会．
田中淳夫（2003）：『里山再生』，洋泉社．
田端英雄（1997）：里山とはどんな自然か．『里山の自然』（田端英雄 編），pp.8-9，保育社．
東京都環境局自然環境部・株式会社愛植物設計事務所（2001）：『多摩地域の谷戸の保全に関する調査委託報告書』，東京都環境局．
東京都埋蔵文化財センター（1996）：『縄文中期・多摩のむら』，東京都埋蔵文化財センター．
所 三男（1980）：『近世林業史の研究』，吉川弘文館．
長野県環境保全研究所（2006）：『信州の里山の特性把握と環境保全のために』，長野県環境保全研究所．
長野県自然保護研究所（2003）：『里山としての長野市浅川地域』，長野県自然保護研究所．
日本地理学会（1997）：巡検第2班 多摩ニュータウンを歩く．日本地理学会発表要旨集，**51**：369-374．
平井良和（2010）：世界の里山 集めて発信．朝日新聞（2010年8月16日 朝刊）．
広木詔三（2002）：生態学の発展と里山の生態学．『里山の生態学』（広木詔三 編），pp.1-7，名古屋大学出版会．
牧田 肇（2001）：地理的思考のすすめ——植生．地理月報，**465**：1-3．
丸山徳治（2007）：いまなぜ「里山学」か．『里山学のすすめ』（丸山徳治・宮浦富保 編），pp.1-26，昭和堂．
守山 弘（1988）：『自然を守るとはどういうことか』，農山漁村文化協会．
守山 弘（1997）：『むらの自然をいかす』，岩波書店．
養父志乃夫（2009）：『里地里山文化論 上 循環型社会の基層と形成』，農山漁村文化協会．

Ⅱ　農山村と環境

7　里地・里山の変化と野生動物

　現代社会の重要課題の1つに，人と生き物の共生というテーマがある．ここで取り上げる野生動物による被害に加え，外来種の問題などがマスコミを賑わしている．希少種や絶滅危惧種の保護の問題もある．

　地理学でも近年，このような人と生き物の関係に関心が高まってきた（高橋，2009；2010a）．人と生き物の共生を図るには，まず地域や歴史を念頭に入れた人と生き物の関係の分析が必要である．ここでは，里地，里山の変化と野生動物の動向，その中で顕在化する農業被害について紹介したい．

7.1　人の生活空間と野生動物の生息域

　図7.1は，千葉（1959）が九州の国東半島と祖母-傾山（そぼかたむきやま）周辺における人とイノシシ，ニホンジカ（シカ），カモシカ，ツキノワグマ（クマ）の棲み分けの様子を，起伏量（最高点と最低点との高度差）を指標に示したものである．ここでは，5万分1地形図を一辺0.5 kmの方眼で覆い，各交点を中心として直径1 kmの円内の起伏量を求め，この数値を円の中心に記入してその範囲内の地形の急峻さとしている．この地域における農業集落のほとんどは，起伏量が300 m以下のところに立地している．図をみると，人の居住域と著しく重複する野生動物はイノシシで，シカやクマは山際において一部が重複する．カモシカは人の居住が及ばない起伏に富むところに生息する傾向が読み取れる．

　里地，里山，奥山といった伝統的な農村社会にみられた生活圏の圏構造からみると，おおよそ，イノシシは里地・里山の野生動物，シカは里地と里山の境界付近から里山の野生動物，クマは里山から奥山にかけての野生動物，カモシカは急傾斜の多い場所に棲む野生動物ということができよう．なお，ここには登場しないが，ニホンザル（サル）を同様に位置付けると，サルは里山から奥山にかけての野生動物である．

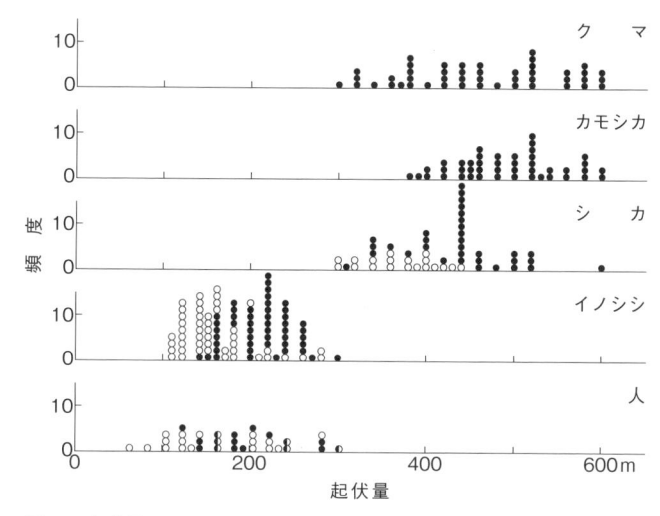

図 7.1 起伏量による人とイノシシ，シカ，カモシカ，クマの棲み分け状況
○国東半島，●祖母－傾山．千葉（1959）より．

7.2　シシ垣の構築

　背後に里山と奥山を有した伝統的な農村では，開墾した田畑から得られる農作物を生活の糧としたが，そこでは生息域が人の生活空間と重複したり接したりするイノシシやシカによる農作物被害を受けてきた．雑食性のイノシシや草食性のシカにとって，田畑に生育する農作物の実や塊茎，葉や茎は格好の食料であった（まとまって存在すること，栄養価が高いことなど）．

　イノシシやシカの田畑への侵入に対する防御策の1つとして，シシ垣が構築されてきた（高橋，2010b）．江戸時代には，複数の村をつなぐ大規模な石積みや土積みのシシ垣が構築され，今もそれらの遺構をみることができる．

　シシ垣の構築は，シシ追い（小屋掛けなどをして夜通しイノシシやシカを追払うこと）からの解放と，労働時間の捻出につながったと指摘される（矢ヶ崎，2001）．小豆島の事例を示す．ここは半農半漁で，6月〜10月がイワシの漁期になり，夏場はさらに製塩にも従事した．そのためシシ追いに時間をさけず，イノシシ被害対策としてシシ垣の構築に向かった．1790年にシシ垣が完成した

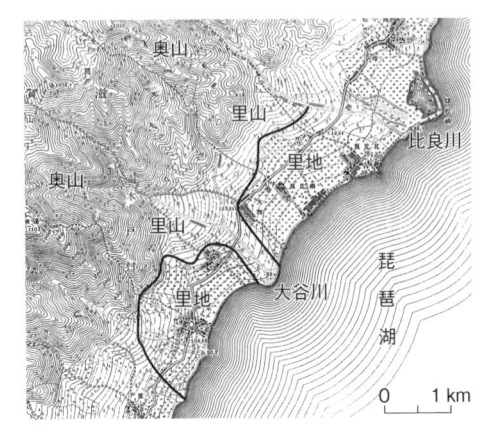

図 7.2 滋賀県比良山地山麓のシシ垣
1893年測図（大日本帝国陸地測量部）5万分の1地形図に，明治初期の各村の等級縮絵図に描かれたシシ垣を太線で示している．

図 7.3 滋賀県比良山地山麓のシシ垣遺構

後，島ではソウメンと島醤油の生産が発展した．

シシ垣の構築にあたっては，かなりの範囲の田畑を囲う必要があった．それぞれの地勢をにらみ，田畑と山林原野（イノシシやシカの生息域）の配置を念頭に，自然地形も利用しながら，できるだけ効果的な場所が選定された．

図7.2に示す滋賀県比良山地山麓のシシ垣（図7.3）は，田畑と背後の山林の

境界，すなわち里地と里山の境界付近に構築された例である．このような事例は１つの典型であるが，上記の理由から，シシ垣は必ずしも里地と里山の境界付近に築かれるとは限らない（蛯原，2009）．

7.3　圏構造の崩壊

　高度経済成長期の頃から，このような伝統的な農村にみられた里地，里山，奥山の圏構造に変化がみられるようになった．この頃を境に，中山間部や島嶼部から人口が都市部に流出するようになった．いわゆる過疎化現象である．

　過疎化は，地域の人々の社会活動や生産活動の縮小と後退をもたらした．耕作地が放棄され，山林の利用集約度も低下した．水田の耕作放棄地はススキ，ササ，クズなどで覆われ，利用集約度の低下した西日本の里山では萌芽によるナラ類の再生が促された（鎌田・中越，1990）．

　このような里地や里山の藪地化は，これまで圏構造をなしていた両者の境界を不明瞭なものにしていった．伝統的な農村では，集落の背後の里山は牛馬の飼料，薪，柴草，萱などを入手し，また牛馬を放牧するところとして位置付けられてきた（高橋，1995）．しかし，高度経済成長期に，燃料革命，購入した飼料や肥料の導入，牛馬の役畜や糞畜としての役割低下などが進み，里山利用は低下し，地域社会における里山の存在意義も希薄になっていった．このような中で,物心両面にわたって両者の圏構造の境界は不明瞭なものとなっていった．

7.4　里地に侵入する野生動物

　高度経済成長期以降の里地と里山の藪地化，一体化は，その後も続いている．地域における防御力の低下も問題となってきた．そのような中で，イノシシ，シカ，サル，クマなどの里地への侵入が各地で発生し，農業被害，人身危害なども増大している．

　イノシシを例に挙げると,イネを中心とした農業の推定被害額は年間50億円に達している．筆者が調査を行っている比良山地山麓では，2月頃にはイノシシが水田の周辺にやって来て，収穫が終わる9月頃まで居ついており，キヌヒ

図 7.4 滋賀県比良山地山麓の耕作放棄地跡のササ藪にできた獣道を通って里地に侵入するイノシシやシカ
左：2009 年 6 月 28 日，午前 2 時 20 分撮影，右：2010 年 6 月 4 日，午前 10 時 24 分撮影．

カリ，コシヒカリといった品種に被害が出ている．被害は，4 月下旬の代搔き時期から生じる畦の踏み荒らしや掘り返し，7 月下旬〜8 月中旬の乳熟期から 8 月下旬〜9 月中旬の収穫期にかけて生じる田への侵入とイネの食害や踏み倒しなどである．

イノシシが居つくところは，周辺の耕作放棄地，放置竹林，利用されない河川敷，田畑の残滓があるところである．耕作放棄地は，跡地に侵入したクズ，ササ，ススキ，ヤマノイモなどの餌があり，潜伏地や移動経路にもなっている（図 7.4）．放置竹林やササ藪では，モウソウチク，ハチク，マダケなどのタケノコ類が 2 月〜8 月頃にかけて餌になっている．田畑に捨てられる作物のクズやキズものの作物や果樹なども餌となり，利用されない河川敷は餌場，潜伏地，移動経路となる．

里地や里地周辺での農作物やタケノコなどの栄養価の高い食料の摂取は，イノシシの繁殖を高めているものと考えられる．

7.5　GPS テレメトリー調査からみたイノシシの環境選択

イノシシが耕作放棄地や放置竹林，ササ藪などを利用し，里地に生息域を拡大させている様子は，GPS テレメトリー調査からも指摘された（高橋，2010a）．

7.5 GPSテレメトリー調査からみたイノシシの環境選択　　75

凡例
ID590(オス, 体重40kg)
(2006)
○ 5月
◐ 6月
⊖ 7月
ID885(オス, 体重50kg)
(2006)
⊗ 9月20日以前
◉ 9月20日以降

水田雑草群落周辺に居つくイノシシ

水田雑草群落　　アベマキ-コナラ群集　　スギ・ヒノキ・サワラ植林

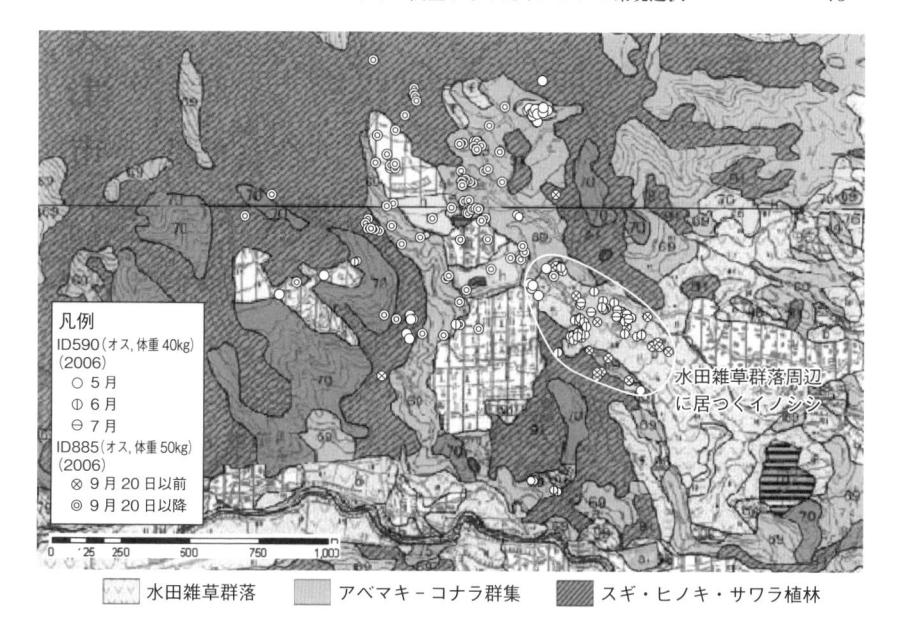

図 7.5　GPS テレメトリー調査からみたイノシシの環境選択

　図 7.5 は，比良山地山麓でのイノシシの行動特性と環境選択の一例である．
　2006 年 5 月 15 日に，水田脇の放置竹林の中に仕掛けた檻で成獣のオス（ID590）を捕獲し，3 時間ごとに位置を把握できるようにスケジュールを設定した GPS を装着した．このイノシシのデータは，7 月中旬に GPS が脱落するまで入手できた．その後，2006 年 9 月 9 日にも，同所のクズやササに覆われた耕作放棄地に仕掛けた檻で成獣のオス（ID885）を捕獲し，GPS を装着した．このイノシシの GPS は，翌年の正月に捕獲されるまで脱落することがなかった．このオスは福井県若狭地方の名田庄から小浜市まで動き，京都府の旧 美山町（現 南丹市）で捕獲された．
　図 7.5 は，これら 2 頭のイノシシの位置情報（5 月～10 月）を植生図上に落としたものである．これをみると，イネの収穫期前から収穫期頃にかけて，イノシシが水田雑草群落（水田，耕作放棄地）を中心に活動し，水田周辺に居ついていることがわかる．その後は，食料となる堅果類が得られる山林（アベマキ-コナラ群集）に移動する様子も示される．

表7.1 イノシシの分布拡大の要因

【自然的要因】 好適な生息環境の増大	■1986年頃からの暖冬化の影響：冬季は地中の植物の根などを食料にするイノシシにとって，積雪量が少なくなれば食料が探しやすくなる．また，栄養を成長に費やす幼獣は脂肪の蓄積が少ないため，冬の寒さが厳しいと死亡率が高くなるが，暖冬化は幼獣の生存率を高め，加えて豪雪による大量死も少なくなる．さらに暖冬化は，植物の芽吹きや開葉を早め落葉を遅らせるため，植物質の食料が長期にわたって得られる
【人為的要因】 好適な生息環境の増大	■耕作放棄地：1970年以降のコメの生産調整の中で目立つようになり，1990年代以降も進んでいる．放棄された耕作地にはススキ，クズ，ササ，タケなどが侵入し，イノシシの餌場，移動経路，潜伏地となっている ■放置竹林：農家の稲木，さお，竹の手，壁下などに活用されてきた竹林も1970年頃から利用が低下した．1980年代後半からは外国産タケノコの大量流入や食の変化によりタケノコの利用も低下したため放置が進み，イノシシの格好の餌場となっている ■放置果樹園：1991年のオレンジの輸入自由化は，ミカン畑の放棄を進めた．ここでも同様のことがいえる ■その他：同時期，田畑の残滓や放置河川敷なども増え，それらも餌場，移動経路，潜伏地になっている
防御力の低下	■過疎化や高齢化など：1970年頃から進む．イノシシの侵入への防御力が低下している ■狩猟者減少：1980年代に入って急激に減少した．特に，銃猟免許を持つ狩猟者数は1970年代のピーク時には約50万人いたが現在は15万人程度である．その上，高齢化も進んでいる
持込みなど	■イノシシやイノブタの飼育：1975年以降に全国的に行われるようになった．しかし，販路の確保や飼育技術などに問題を抱える業者の経営の行詰まりや管理の不行き届き，飼育放棄などから，離脱したり遺棄されるイノシシやイノブタが生じる

　表7.1は，わが国における近年のイノシシの分布拡大，里地や里地周辺での繁殖，里地への侵入の要因を整理したものである．上述したように人の生活空間とイノシシの生息域は著しく重複するものであるため，社会や経済の変化，土地利用の変化，防御力や捕獲力の変化などはイノシシの生息状況に大きな影響を与える．そのため，それらがイノシシに有利に働けば，今日のようにイノシシの分布が拡大し，それに伴って住民生活，特に農業生産に多大の被害が生じることになる．それらに加え，近年は自然的な要因もイノシシの分布拡大にプラスに働いている．

図 7.6 小豆島の近くの海（池田湾の沖約 1.5 km）を泳ぐイノシシ
約 7 km 離れた高松市庵治町方面から泳いできたと推察される．2008 年
10 月 30 日午後 0 時 25 分．高松海上保安部，共同通信社高松支局提供．

7.6　海を泳ぐイノシシ

　九州，四国，中国地方などの海岸部では，イノシシの分布拡大が周辺の島嶼部にも及んでいる．これらの地域では，海岸部に達したイノシシが海を泳いで周辺の島々に生息域を拡大している（高橋，2010c；図 7.6）．
　イノシシが海を泳ぐ理由の 1 つに，海岸部での狩猟による追出しが指摘されるが，その背後には，上述したようなイノシシを海岸部にまで分布拡大させている要因がある．そのような中で，島に渡るイノシシが出ているものと推察される．

7.7　里地に侵入するシカ，クマ，サル

　里地と里山の藪地化，一体化，防御力の低下，狩猟者の減少などは，かつて里地と里山の境界付近から里山，奥山にかけて生息していたシカ，クマ（大井，2007），サル（寺本，2003）の里地への侵入の背景にもなっている．

図 7.7 里地に侵入するサル
シシ垣を乗り越えている．

　里山から奥山にかけて生息していた野生動物が里地に侵入しているのは，山での食料不足も影響している．1960年代からの拡大人工林と木材価格の下落による山林の荒廃が，食料となる木の実や林床植物の減少を招いているからである．里地や里地周辺での農作物やタケノコ，あるいは残飯，残滓などは栄養価が高いものが多く，これらに依拠する動物が多くなっている．
　シカ，クマ，サルの里地への侵入は，農作物への被害を生じさせている．クマの出没は，さらに人身への危害や，出没による心理的被害をもたらしている．
　図 7.7 は，比良山地山麓にあるシシ垣遺構を乗り越えるサルである．江戸時代に造られたこのシシ垣は，イノシシやシカに対しては有効であったが，サルには無力である．しかし当時，当地ではサルによる農作物への被害記録は見当たらない．サルは山の野生動物であって，里に近づくことは少なかったようだ．その理由の1つに，里地や里山における活発な人間活動があったとみられる．サルは昼間にグループで活動し，樹上など目にとまりやすいところにいることから，追払いが比較的容易であったと思われる．ところが近年は，過疎化，高齢化，農作業の省力化などによって里地や里山の賑わいや防御力は著しく低下し，サルが人を恐れなくなっている．

> ◆ 生物地理学
> 　地球上の生き物の分布パターンやその変遷過程，分布の成因に関わる環境条件や地史的背景を研究します．また，このような生き物の地理的分布とその要因の分析に加え，人間活動との関係，つまり人間の生活の舞台となってきた生物圏を研究の対象とすることもできます．例えば，人と生き物の歴史的，文化的，民俗的な関わり，野生動物による被害の問題や外来種の問題，ローカルなものから世界遺産クラスに至る貴重な生き物の生息・生育地の保全なども研究対象になります．

［高橋春成］

引用文献

蛯原一平（2009）：沖縄八重山地方における猪垣築造の社会的背景．歴史地理学，**51**(3)：44-61．

大井徹（2007）：ツキノワグマの生態から日本の森林を考える．『動物反乱と森の崩壊』（森林環境研究会 編）pp.16-26，森林文化協会．

鎌田磨人・中越信和（1990）：農村周辺の1960年代以降における二次植生の分布構造とその変遷．日本生態学会誌，**40**：137-150．

高橋春成（1995）：『野生動物と野生化家畜』，大明堂．

高橋春成（2009）：人間活動と外来種．地理，**54**(3)：18-26．

高橋春成（2010a）：『人と生き物の地理 改訂版』，古今書院．

高橋春成 編（2010b）：『日本のシシ垣――イノシシ，シカの被害から田畑を守ってきた文化遺産』，古今書院．

高橋春成（2010c）：海を渡るイノシシ．生き物文化誌学会えひめ西条例会要旨集：4-16．

千葉徳爾（1959）：九州島北部の野生大型哺乳類分布．地理学評論，**32**：468-480．

寺本憲之（2003）：滋賀県でのサルと人との共存について考える．『滋賀の獣たち――人との共存を考える』（高橋春成 編），pp.103-131，サンライズ出版．

矢ヶ崎孝雄（2001）：猪垣にみるイノシシとの攻防――近世日本における諸相．『イノシシと人間――共に生きる』（高橋春成 編），pp.122-170，古今書院．

Ⅱ　農山村と環境

8　食の安全・安心そして良質食品

8.1　食の安全・安心と地理学

　食の安心,安全に対する関心はこれまでになく高まっている.2011年には東日本大震災や原子力発電所の事故に伴う食料品の不足や風評被害が大きな問題となったほか,2010年には口蹄疫,2009年には新型インフルエンザ(当初はブタインフルエンザと呼称),2008年の中国製冷凍ギョウザ中毒事件,三笠フーズの事故米不正転売事件,2007年の船場吉兆の産地偽装や賞味期限切れ商品の販売,他にも2000年代前半に大きな問題となったBSE(狂牛病),中国産野菜の残留農薬をはじめとした中国製食品の安全問題など枚挙に暇がない.食の安全を脅かす事件,食品事故は2000年以降に始まったわけではない.例えば1950年代,1960年代には森永ヒ素ミルク事件,水俣病,カネミ油症事件などがあり,1980年代にはグリコ・森永事件,1990年代にはO-157事件,雪印乳業の集団食中毒,和歌山の毒入りカレー事件など多くを挙げることができる.そうした中で,改めて食に関わる議論が高まっているのが今日の状況である.このような状況は地理学的な観点からはどのように解釈できるのだろうか.また食の安心・安全に対して地理学はどのようにアプローチできるのか.以上を念頭において本章を構成したい.
　その際,食の問題に対する地理的アプローチの前提としてフードシステムという枠組みを理解しておいてもらいたい.基本的に農産物の生産から,加工,流通過程を経て,食料として消費されるという農産物・食料を媒介とした一連のつながりであるフードチェーンと,それを取り巻く農業政策,自然環境,農産物貿易,信用・金融市場などから構成される体系をフードシステムと呼ぶ(荒木,2002;2004;Bowler,1992).一般的にこのシステムは一国の枠組みを前提として認識される.政策や市場,貿易などの構成要素が国家の枠組みを前提として機能しているからである.また,生産や加工,流通,消費の各部門を地理

的に投影することで，フードチェーンを地域間の関係として把握することができる．生産から消費にいたるチェーンが極めてローカルなスケールで完結する場合もあるし，国境を飛び出してしまう場合もあることは，地理学を勉強した読者にはすぐに理解できよう．もう1つ重要なことは，いささか自明なきらいはあるが，フードシステムは食料の安定供給を目的としているということである．われわれにとって携帯電話やパソコンは便利な商品であるが，1週間使えなくても死ぬことはない．しかし，食料を1週間口にしなければ死の危機にさらされる．日常で意識することはないかもしれないが，食料の安定供給体系を構築するということは，生死に関わる問題である．安定供給を実現する上での第1の要件として，必要な量を誰もが手に入れられる価格で提供される必要があり，第2の要件として，口に入れるものであるから品質が保証されなければならない．本章の主題である食の安全・安心は第2の要件ということができる．

さて，それでは以上のフードシステムの枠組みを使って，食の安全・安心はどのように理解することができるだろうか．まず食の安全とはフードチェーン，すなわち生産から消費にいたる一連の体系において，食品への有害物質や危険物質の混入がなく，農場や加工工場など各部門においても汚染がない状態のことといえる．逆にチェーン上のどこかで有害物質の混入や汚染の発生が認められれば，食の安全が脅かされたことになる．基本的に先述の食品事故や事件はフードチェーンのどこかで，食に適さないものや毒物などが混入したものである．水俣病は漁場が汚染されていたといえるし，残留農薬問題などは生産過程

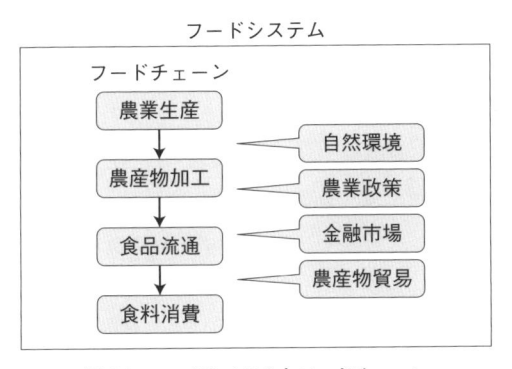

図8.1 フードシステムとフードチェーン

で，森永ヒ素ミルク事件やカネミ油症事件，雪印乳業の集団食中毒事件では加工段階で，三笠フーズ事件は流通段階で有害物質が混入した事件であるといえる．無論，消費の段階で混入される場合もあり，和歌山の毒入りカレー事件などは調理の段階で毒物が混入したとされている．食の安全性を脅かす食品事故の基本は，フードチェーンという枠組みを使うとこのように理解することができる．

　次に食の安心について考えてみよう．仮にフードチェーン上のどこにも汚染がないという場合を想定してみよう．食の安全は確保されているはずである．この状況で，真偽は別としてチェーン上のどこかに有害物質が混入したという情報が流れたとする．食の安心は万全だろうか．情報が不確かであって実際には有害物質は混入していなくても，食の安心は脅かされる．例えば 2004 年に山口県で鳥インフルエンザが発生した折には鶏肉鶏卵の買控えが起こった．このときは関係機関が迅速に対応したため，汚染された鶏は市場に出回っていない．同様に，1996 年の O-157 の集団感染の折にはカイワレ大根の生産農家が大きなダメージを受け，2001 年には国内で BSE に感染した可能性のあるウシが確認されたことで牛肉の買控えが広がり，食品産業や外食産業にも大きな影響を与えた．いずれもフードチェーン上には実際的な汚染が確認できないにも関わらず，大きな混乱が生じた．このように実際に食品が汚染された場合のみならず，汚染が疑われる場合，ときには汚染されていない場合においても食の安心は脅かされるのである．

　すなわち，単に農産物や食料のみがチェーン上を動いているのではなく，それらの情報も同時に動いていると考えることができる．有害物質が混入せずとも，誤った情報や不確かな情報がチェーンに混入すれば，有害物質が混入したのと同様の影響がもたらされる．チェーン上を運ばれる実体のある食品に有害物質が紛れる場合を有形の脅威とするならば，誤った情報が混入する場合は無形の脅威ということができる．食の安全を確立するには有形の脅威を排除することが，安心を確立するには無形の脅威を排除することが必要である．フードチェーン上の有形無形の脅威を取り除き，食の安全・安心を維持していく上で重要な役割を果たすのが，前記のチェーンを支える枠組みである．すなわち農業政策，自然環境，農産物貿易，信用・金融市場などを含めた全体としてのフー

ドシステムである．換言すれば，チェーンの安定的な稼動は，政治，社会，経済の仕組みに大きく依存しているのである．

8.2 食の安全・安心に関わる今日的課題

8.1 節では食の安全・安心について考える上での基礎的な考え方を示した．これを踏まえて，食の安全・安心をめぐる今日的課題について考えてみよう．1つはフードチェーンの長大化，もう1つは近年頻発する食品偽装の問題である．これらはどのように把握できるだろうか．

まず長大化については，フードチェーンの両端，すなわち食料生産から食料消費までの距離が大きくなればなるほど，食の安全・安心を確立するために必要な努力も大きくなる．生産から消費までの地理的距離が極めて短ければ，有害物質の混入は生産者からも消費者からも可視的な範囲に含まれる．両者の距離が大きくなると，生産者は消費者の顔がみえなくなり，消費者は生産者の顔がみえない（今日の食料供給体系はまさにそれである）状況では，有害物質の混入も同様に目にみえないのである．食の安全・安心を確実なものにするために政策や社会・経済体制を含めたフードシステム全体での対策が重要であることはすでに述べたが，チェーンの長大化がもたらす今日的課題の眼目は，チェーンが国家の枠組みを超越してしまうことである．一般的に農産物・食料供給のグローバル化として把握される現象である．それは単なるチェーンの延伸というだけではなく，食の安全・安心を考える上では国内で完結していた供給体系とは明確な一線で区切られるものである．ローカルなスケール，あるいは全国的なスケールにしても，チェーンが国内で稼動している限り，食の安全や安心に関わるコントロールや監視は有効である．チェーンを安定的に稼動させるための政治，社会，経済の仕組みが国家の枠組みで機能するからである．しかし，国家の領域外にまで延びていったチェーンはもはや一国のコントロールや監視の及ばない領域を有している．この状態で，有形無形の脅威を取り除き，食の安全・安心を確実にすることが従来的な国家の枠組みの中で機能したチェーンの管理と比較して，いかに困難であるかは容易に想像できるであろう．これは，いわばグローバルチェーンの持つ構造的問題である．

もちろん安全・安心の管理が容易な国内の枠組みの中にチェーンを格納してしまうという考え方（国内自給，国産品消費の奨励）も存在するし，地産地消やショートフードサプライチェーン（SFSC）などの取組みが食の安全・安心を部分的に実現するケースも存在するかもしれない．しかし，その仕組みでわが国の食料の安定供給を実現できるだろうか．すでに示したように，安定した食料供給を考える上で，第2の要件である安全や安心の問題はもちろん重要であるが，第1の要件，すなわち必要量の低コストでの確保は無視できない．第1の要件が満たされないと，大きな混乱が社会を覆う．日本でも戦前，戦中，そして戦後の食料難の時代があった．食料の海外調達は，この状況を克服し，食料の安定供給を実現するための有効な方法でもあった．あるいは経済成長を実現する上で，食品価格を抑制し世帯の食費を圧縮する有効な方法であったともいえる（荒木，2008）．その結果，今日のわが国では多種多様な食品を潤沢に廉価で，かつ全国どこででも入手可能な状況を作り上げることができた．何十年もかかって構築されてきたこの安定供給の仕組みを，安全・安心という側面のみで簡単に否定してしまうことは現実的ではない．むしろ，海外調達に頼らざるをえないのであるなら，いかにしてこの仕組みのリスクを減らし，セキュリティを高めるかが重要となる．過度にコストを追求するあまり安全性を保証できなくなったのであるなら，まずそれを問うことが必要である．

ただし，いささか逆説的ではあるが，ローカルスケールのチェーン，ナショナルスケールのチェーン，グローバルスケールのチェーンの順に食の安全・安心に関わる構造的なリスクが大きくなることは事実であるが，ローカルスケールのチェーンが安全かつ安心で，海外のそれが危険というわけでは決してない．輸入される食料がすべて危険というわけではないし，ローカルスケールのチェーンにおいても食品事故は起こりうる．実際問題として国内で完結するチェーンにおいても危険物質の混入が起こっている．2000年以降に限っても，雪印乳業の集団食中毒，不二家の期限切れ原材料使用，船場吉兆の期限切れ食品の販売など，いずれも国内の食品関連企業が引き起こした国内のチェーン上の事件である．ここに，チェーンの長短とは次元の異なる食の安全・安心に関わるもう1つの側面をみることができる．

そこで，今日的課題の2つめとして，国内企業による食品偽装に注目してみ

たい．食品衛生法の改正や食品安全基本法の制定，ハサップ（HACCP：危害分析重要管理点などと訳される食品の安全管理手法）やISO22000（「食品安全マネジメントシステム」の国際標準規格）の普及などによって，フードチェーン上の物理的な安全性は向上しているものの，食品偽装事件は後を絶たない．なぜ，これほど頻発し大きな問題となっているのだろうか．チェーンの長大化が今日の食の安全・安心を担保する上での構造的な問題であるのに対して，食品偽装は情報操作・管理の問題である．仮に情報操作があっても深刻な事態が発生しない場合もある．口にしたのが産地を偽った佐賀牛であろうと但馬牛であろうと，健康被害が生じるわけではない．この意味では直接的に食の安全・安心を脅かすものではないともいえる．一方，消費期限偽装などは結果として有害物質の混入と同様の結果をもたらす場合もある．仮に健康被害がなかったとしても，偽装事件は健康被害に勝るとも劣らない致命的な側面を孕んでいる．それは食の安全・安心を担保する信頼性，フードチェーンの信頼性の棄損である．

　食品の偽装事件の背景には，食品に関わるある特徴的な性格，言い換えれば食品の「質」と「実体を伴わない質」との関係がある（高柳，2007）．例えば同じようなシャツ（あるいはまったく同じシャツ）でも小さなロゴマークが1つ付くだけで値段が何倍も違ってくるということはよく聞く話ではないだろうか．同様のことが食品の消費に関しても認められる．同じ遺伝子を持つウシでも松阪産かそうでないか，同じ海域で獲れたフグでも下関に水揚げするか別の港かによって価格は変わる．同様に国産か海外産か，あるいは特定の産地かそうでないかによっても価格は異なるし，農薬の使用不使用，有機栽培原料の使用不使用などによっても異なる．ただし，それらの食品を食べても味覚や食感から国産か海外産か（あるいは特定産地），あるいは農薬使用の有無を判断することはほぼ不可能である．これはカタログで数値を確認できる自動車や家電製品などの商品とは異なる食品の特性でもある．それゆえ，食品情報の持つ意味は大きい．たとえそれが国内産の食品であったとしても消費者が生産現場や加工工場を実際に確認できるわけでなく，食品とともに送られてくる食品情報を信頼する以外に食品を評価することはできない．偽装によって食品情報の信頼性が低下すれば，食の安心を支えるシステムの根幹が瓦解するのである．

不謹慎を承知でいえば，企業側としては効率よく利潤を上げる偽装の余地がそこに広がっているのである．たとえ口にしたとしても健康被害などの特別な事態が発生しない限り「実体を伴わない質」を見破ることが難しい食品にとって，偽装＝「見せかけの質」が通用する余地がある．この意味で，偽装問題はチェーンの展開するスケールとは直接関係しない．チェーンの長短を問わず起こりうる問題であるとともに，いつの時代でも起こりうる問題である．それにもかかわらず，食品偽装が昨今大きな関心を持たれるようになったのはなぜか．そこには先述した，わが国が戦後に作り上げてきた食料供給態勢の特徴が関係している．われわれは今日，生産者・加工業者・流通業者の大小や所在地を問わず，取り扱われる多種多様な食品が全国どこででも入手可能な仕組みを享受している．このことは裏返せば，チェーン上のどこかに混入した有害物質や不正確な情報，偽装された情報を瞬く間に全国津々浦々にまで拡散させてしまう仕組みであるともいえる．チェーンに紛れ込んだ有形無形の脅威は，完璧なまでに作り込まれた今日のわれわれの食料供給体系を通じて，それがどんな遠隔地のどんな些細な食品事故であっても，国民の誰もが当事者になりうるという状況を生み出したのである．無論，食品企業にとってもその影響は大きく，雪印乳業の事件のように，食品情報の取扱いは企業の存亡を左右するようになっているのである．

8.3　良質食品とは

戦後の日本は，食料の安定供給という旗印の下，量とコストの確保のためにフードチェーンを長大化させる方向で編成してきたが，近年は食の安全・安心を実現すべくフードチェーンを作り変えつつあるといえる．無論，量とコストの重要性は今も変わりはないが，品質と信頼性が今まで以上の影響力を形成し始めている．また，その際に重要になってくるのが食品情報であり，今日の食品流通を左右する力がある．すでに偽装事件の背景として指摘したように，ときとして無形の食品情報は，実体としての有形の食品以上の価値を持つ．われわれは食品ではなく食品情報を売り買いし，食品ではなく食品情報を消費しているともいえる．ここで注目したいのは，量とコストは有形で実体を伴うが，

品質と信頼性は実体としての食品ではなく，食品情報に大きく左右されてしまうことである．また，量とコストは一定の基準で計測可能であるが，無形の品質と信頼性の基準は曖昧である．この曖昧な品質と信頼性を軸としてチェーンを編成しようとしているのが今日の姿でもあり，有形の食品よりも無形の食品情報によってフードチェーンの地理的な投影が描き変えられてしまうことも少なくない．

　一般的にこうした動向を主導しているのは食品関連企業であるといわれている．企業が量とコストを重視した調達戦略のもと，ローカルスケールから全国スケール，さらにはグローバルスケールへとフードチェーンを拡大してきたのと同様に，今日の食の安全・安心という議論の中では品質と信頼性を重視した調達を行おうとしている．あるいはフードチェーンを組み替え，あるいは食品情報をコントロールしようとしているともいえる．ただし，食品関連企業が曖昧な品質や信頼性を追求する背景には，それを求める消費者の要求が存在していることも事実であり，企業の行動は消費者に呼応したものとみることもできる．その際，品質や信頼性に対する消費者の要求もまた曖昧であるとともに，消費者の要求はときには正しく，ときには誤った食品情報に左右されがちである．さらに，消費者はそれが実体を伴う質であろうと見せかけの質であろうと，良質とされる食品に対する崇拝ともいえるもの(コモディティフェティシズム)に支配されるという指摘（Castree, 2001）にも耳を傾ける必要があろう．

　いずれにしても，食料の安定供給を目指して過度に量とコストを追求するあまり，フードシステムは戦後一貫して長大化し，その一方で品質と信頼性という側面でほころびを見せ始めたのが1990年代である．2000年代以降はそれに対して食の安全・安心を掲げたチェーン構築の模索が進められている．しかし，明確に計測可能な量とコストに対して，品質と信頼性は曖昧で万人に通用する基準というものも明確ではない．むしろ多様な価値基準が存在するといってよい．この曖昧な基準を追いかけながら，新たなチェーンを模索しているのが今日の状況と解釈することができる．あるいは，基準の曖昧さというジレンマと，量とコストも否定できないというジレンマ，われわれはこの2つのジレンマを克服して新たなチェーンを構築していかなければならないともいえる．

　このようにとらえどころのない食品の品質と信頼性であるが，それに対する

アプローチもすでに始まっている（荒木ほか, 2007）．以下はいずれも良質食品を考える際の重要な観点となっている．簡単に紹介して，本章を終えることにしたい．例えば，お世話になった先生が『地域環境の地理学』とかいう本を上梓したので，お祝いに酒でも贈ろうという場合を考えてみよう．酒屋に酒を買いに行ったが，はたしてどの酒を贈ったらよいだろうか．ある人は「吟醸」や「純米」などの酒のラベルをみて良い酒を選ぶかもしれない．いわゆるカタログ値で質を判断しているのである．またある人は値段の高い酒を選ぶかもしれない．高価格イコール高品質という判断である．またある人はテレビのCMでよく知られた銘柄，有名タレントが宣伝していた銘柄を選ぶかもしれない．またある人は，酒屋のおじさんに「どのお酒が良いお酒ですか？」と尋ねて，おじさんの判断で決めるかもしれない．はたまた，酒1本につきなにがしかの義援金がなにがしかの被災地に送られるという一文をみて，なにがしかの酒を選ぶかもしれない．いずれも良い酒を選ぼうとするときの判断材料としてありうるものである．さて，あなたはどのような酒を買うだろうか？

◆ **農業地理学**

　地理学的なアプローチで農業を取り扱うのが農業地理学です．世界的なスケールや国家的なスケールでの農業地域区分や農業の伝播，自然環境と農業の関わりを含めた農業立地論などは農業地理学の大きなテーマでした．しかし，近年このような論文は極めて少なく，農業産地の事例研究がほとんどです．農業の振興や産地の振興は確かに重要なテーマですが，産地研究イコール農業地理学ではありません．環境問題や経済のグローバル化に直面する現在，初学諸氏にはもっと広い視野と大きなスケールで農業地理学に取り組んでもらいたいと思います．

［荒木一視］

引用文献

荒木一視（2002）:『フードシステムの地理学的研究』, 大明堂.
荒木一視（2004）: 農業産地論.『〈シリーズ人文地理学6〉空間の経済地理』（杉浦芳夫 編), pp.1-23, 朝倉書店.
荒木一視（2008）: 食料自給とフードセキュリティ. 地理, **53**(7): 64-70.
荒木一視・高橋 誠・後藤拓也・池田真志・岩間信之・伊賀聖屋・立見淳哉・池口明子（2007）: 食料の地理学における新しい理論的潮流. *E-journal GEO*, **2**: 43-59.
高柳長直（2007）: 食品のローカル性と産地振興——虚構としての牛肉の地域ブランド. 経済地理学年報, **53**: 61-77.
Bowler, I. R.（1992）: *The Geography of Agriculture in Developed Market Economies*, Longman Scientific and Technical［小倉武一, 大戸元長, 岡部四郎, 林 利宗, 紙谷 貢, 志村英二 訳（1996）:『先進市場経済における農業の諸相』, 農山漁村文化協会］.
Castree, N.（2001）: Commodity fetisism, geographical imaginations and imaginative geographies. *Environment and Planning A*, **33**: 1519-1525.

9 都市のフードデザート

Ⅲ 都市と環境

　フードデザート（食の砂漠：food deserts, FDs）とは，社会・経済環境の急速な変化の中で生じた生鮮食料品供給体制の崩壊と，それに伴う社会的弱者層の健康被害を意味し，社会的排除問題（social exclusion issues）の一部と位置付けられる．数 km 離れたスーパーまでカートを引きながらトボトボと歩くお年寄りたちの後ろ姿．最近，こうした光景を街中でしばしば目にするようになった．このようなお年寄りの間では，栄養失調が拡大している．地方都市を中心に，駅前商店街のシャッター通り化が問題視されて久しい．中心商店街の空洞化は，もはや商店主だけの問題ではない．近隣住民の生活環境も含めた，大きな社会問題に発展している．この問題の根底には，弱者排除の構図が存在する．立場の弱いお年寄りを中心に，都市の生活環境は確実に悪化している．

　最近，「買い物弱者」，「買い物難民」と題して高齢者の買い物環境を取り上げるマスコミが増えている．これらは，中心商店街の空洞化などにより最寄りの買い物先を失い，長距離移動せざるをえなくなったお年寄りたちを意味する造語である．2010 年 5 月 14 日には，経済産業省の審議会「地域生活インフラを支える流通のあり方研究会」が調査をまとめ，買い物弱者は全国で推定 600 万人に達すると報告した．買い物弱者，買い物難民は，FDs 問題の一側面である．

9.1　フードデザートの定義と海外の事例

　欧米では 1990 年代から FDs 問題が注目され，多くの学問分野で研究が進められてきた．イギリス政府は FDs を次のように定義している．「FDs とは，栄養価の高い生鮮食料品を低価格で購入することが事実上不可能な，インナーシティ（住宅環境が悪化し低所得者層が集住する，大都市中心部の特定の地域）の一部地域を意味する．都市機能の空洞化が著しいインナーシティに居住し，自家用車を所有できない世帯は，郊外のショッピングセンターに買い物に行く

ことができない．彼らはインナーシティに残存する零細店に日々の食材を依存せざるをえない．こうした店で扱う商品はどれも値段が高い上に加工食品ばかりである」(Whitehead, 1998)．

　スーパーストアの郊外進出が顕在化したイギリスでは，1970～1990年代半ばにインナーシティに立地していた中小食料品店やショッピングセンターが相次いで廃業した（Guy, 1996)．その結果，経済的理由などから郊外のスーパーストアへの移動が困難なインナーシティの貧困層は，都心に残存する雑貨店（corner shop）での買い物を強いられた．このような店舗は商品の値段が高く，野菜や果物などの生鮮品の品揃えが極端に悪い．そのため，貧困層における栄養事情が悪化し，がんや心臓血管疾患などの疾患発生率の上昇を招いたとする研究報告がなされている（Acheson, 1998)．FDsエリアでは，買い物先以外にも医療機関や教育機関，雇用機会，福利サービス施設など，様々な社会サービスが欠落している（Speak and Graham, 1999)．格差や貧困問題も深刻である．FDsの背景には，こうした社会的排除問題が内在する．

　イギリスでは1990年代末以降，FDs問題に対する興味関心が高まり，政府主導の下で先駆的な研究が進められた．これまでに，リーズやブラッドフォードなどの主要な地方都市を中心にFDs問題の研究蓄積が進んでいる（Clarke et al., 2002；Wrigley et al., 2002)．なかでも，食料品小売店への近接性が重要となるため，地理学的視点からの研究の有効性が指摘されている（Wrigley et al., 2003)．イギリスの場合，FDs問題の被害者は低所得者層や交通弱者，家事・育児に追われる人々（シングルマザー），高齢者，身体障害者，外国人労働者など多岐にわたる．こうした人々が集住する買い物先空白地帯では，野菜や果物の消費量が全国平均を大きく下回っている．また，所得の低い世帯ほど健康管理に無関心であり，生鮮食料品を避けて安価で手間のかからないレトルトフードに依存する傾向が強い．あるシングルマザー（19歳無職，娘3歳）は，週50ポンドの生活保護費のうち30ポンドを自身のタバコ代に費やし，子どもには近所の雑貨店で購入した安いレトルト食品を与えていた（Whelan et al., 2002)．彼女たちは，生鮮食料品を購入できるだけの十分な収入がないだけでなく，食と健康に関する知識の欠落も著しい．

　イギリス以外でも，FDsの研究蓄積がみられる．人種差別と商業機能の郊外

化問題が著しいアメリカでは，アフリカ系アメリカ人を中心に FDs 問題が深刻化している (Linda and Thomas, 1997；Morland et al., 2002)．アメリカの場合，生鮮食料品店の空白地域にファーストフード店が多数出店し，栄養過多による肥満問題を誘発している (Swinburn et al., 2004；Reidpath et al., 2002)．なかでも子どもの肥満が顕著である (Inglis et al., 2005；Timperio et al., 2008)．貧困の構図や都市構造，福祉政策などは，国や地域によって大きく異なる．そのため，FDs エリアの規模や被害者の属性，具体的な健康被害の内容などは，対象地域ごとに違っている．しかし，低所得者層に対する生鮮食料品供給システムの崩壊がもたらす健康問題という点で，いずれのケースも共通する．また，単なる買い物先の消失だけでなく，背後に貧困や健康に対する知識不足などが介在している点も類似する．こうした研究蓄積が進む一方で，これらは一部の極端な事例にすぎないと捉え，FDs 問題に懐疑的な研究者も複数もみられる (Cummins and Macintyre, 1999；2002)．

　以上のことを整理すると，FDs 問題とは，①社会・経済環境の急速な変化の中で生じた「生鮮食料品供給体制の崩壊」と，②「社会的弱者の集住」という2つの要素が重なったときに発生する社会的弱者世帯の健康悪化問題と整理できる．「生鮮食料品供給体制の崩壊」には，自宅から店舗までの距離の拡大（商店街の空洞化など）だけでなく，経済的・心理的距離の拡大（貧困や差別，社会からの孤立など）も含まれる．社会・経済環境の違いにより，FDs 問題の様相も異ってくる．欧米では外国人労働者などが被害者の中心であるが，日本では現在，高齢者の間で問題が顕在化している．上述の通り，FDs 問題は日本でも社会問題として認知され始めている．ただし現段階では地方都市や過疎地域における高齢者の買い物不便問題，という認識が強い．本来，FDs は社会的排除の一部であり，生活環境の悪化は買い物先の消失にとどまらない．また中・長期的には，雇用が不安定化する中で貧困にあえぐ若年層や，急増が見込まれる外国人労働者などにも FDs 問題が拡大する可能性が高い．日本における FDs 問題の実態を解明するためにも，学術的な視点からの研究蓄積が求められる．

9.2 日本におけるフードデザート問題

9.2.1 フードデザートエリアの特定

経験上，FDs問題は大都市中心部や郊外のベッドタウン，地方都市，過疎地域など各地で発生していることがわかっている．2010年10月現在，全国レベルでの実態調査はまだ行われていない．そもそも，FDsの特定は困難である．生鮮食料品店へのアクセスという点で捉えるならば，FDsは，①自宅から生鮮食料品店への買い物利便性が極端に悪く，②自家用車を利用できない低所得者層（ここでは高齢者層）が集住する地域と定義できる（田中ほか，2007）．GISを援用すれば，FDsの可能性が高い地域を定量的に把握することができる．ただしFDsを正確に特定するためには，当該地域の住民属性や社会インフラの整備状況などを考慮する必要がある．生鮮食料品店が不足していても，子ども世代との同居や自家用車の所有が一般的な地域や，公共交通機関，行政などの買い物支援が充実している地域はFDsには該当しない．首都圏や全国などのマクロスケールで分析する場合，使用するデータもマクロスケールとなり，誤差が大きくなる．現実に即したFDsエリアを選定するには分析指標の修正が必要となる（田中，2010）．

9.2.2 地方都市におけるフードデザート問題——北関東A市の事例

一方，ミクロスケールでみた場合，FDsエリアをある程度正確に特定できる．ここでは事例研究のうち地方都市（A市）での調査結果を報告する（岩間ほか，2009）．A市は東京から約100 km離れた人口26万の都市である（『2005年度住民基本台帳』）．図9.1はA市におけるFDsエリアを示す．高齢者人口および生鮮食料品店の売り場面積から需要と供給量を推計し，需要不足となるエリアをFDsとした（駒木，2010）．図から，市内の目抜き通りを中心にFDsエリアが確認できる．当該地区に居住する高齢者の多くは買い物が困難な状況にある．2006年に実施したアンケート調査では，当該地区に居住する高齢者世帯の44%が単身，32%が夫婦2人暮らしであり，自家用車を所有しない世帯は全体の75%に達した．買い物は困難であり，週に平均2～3回，平均で片道1.5 kmの

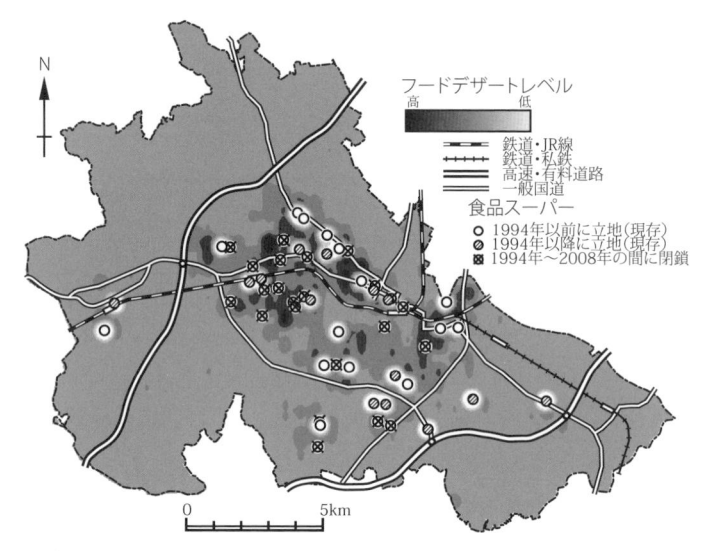

図 9.1 A市におけるフードデザートマップ (2009)
『平成17年国勢調査』および『日本スーパー名鑑』各年度版により作製.

長距離を徒歩または自転車で買い物に行く高齢者が約半数を占めた（表9.1）.生協の宅配サービスや行政による配食サービスの利用者は少なく，コンビニエンスストアやドラッグストアでの缶詰・レトルトフードの購入が目立つ．なお，A市中心部において高齢者が生協を利用して生鮮食料品を購入する額は年々減少している(生活協同組合資料)．減少の理由としてはマークシート記入の面倒臭さや口座引落しに対する不安，商品単価の高さなどが挙げられる．

　栄養状態の悪化も懸念される．近年，高齢者の間で低栄養問題が深刻化している．低栄養とは，偏食などにより本人が気付かないうちに栄養不足に陥る一種の栄養失調状態を意味する．低栄養状態になると，肺炎などにかかるリスクが高まるとともに運動機能が低下し，「生活自立度の低下」や「要介護度の上昇」を誘引する．熊谷ほか（2003）・熊谷（2004）は，低栄養の予防として肉や魚，緑黄色野菜など多種多様な食材の摂取の重要性を指摘し，高齢者の栄養事情を測定する指標として，魚，肉，卵，牛乳，ダイズ，緑黄色野菜，海藻類，イモ類，果物，油脂の10の食品群を挙げている．これらの食品群の摂取量が4品目未満の高齢者は，低栄養を引き起こす可能性が著しく高まることが統計的に証

表 9.1　アンケートの集計結果（A 市中心部．数字は%）

a. 回答者の属性

1. 性別		2. 年齢		3. 家族構成		4. 自家用車運転の有無	
男性	24.8	50 代	0.9	単身	44.4	自身で運転	5.1
女性	73.5	60 代	17.1	夫婦	31.6	家族が運転	19.7
無回答	1.7	70 代	64.1	子どもと同居	22.2	運転者なし	75.2
		80 代	17.9	その他	1.7		

b. 生鮮野菜消費量

5. 野菜を使った料理品目数（夕食1回分）		6. 1カ月あたりの生鮮野菜購入金額 [( ) 内は夫婦世帯の値]		7. 10年前と比べた生鮮野菜の消費量	
1 品目	1.7	1,000 円未満	10.3 (9.5)	増加	0.0
2 品目	17.1	1,000〜2,999 円	60.7 (52.4)	減少	35.9
3 品目	24.8	3,000〜4,999 円	20.5 (33.3)	変化無し	62.4
4 品目	35.9	5,000〜7,999 円	1.7 (0.0)	無回答	1.7
5 品目	10.3	8,000〜9,999 円	0.0 (0.0)		
6 品目以上	7.7	10,000 円以上	2.6 (4.8)		
無回答	2.6	無回答	4.3 (0.0)		

c. 買物行動　　　　　　　　　　　　　　　　　　　　　**d. 高齢者福祉の利用状況**

8. 生鮮品購入先までの距離*		9. 移動手段		10. 買物頻度		11. 配食サービス	
500 m 未満	6.4	徒歩	26.5	毎日	0.9	利用している	21.4
500〜999 m	41.8	自転車	26.5	週5〜6回	4.3	利用検討中	19.7
1,000〜2,999 m	47.3	バス	6.0	週3〜4回	30.8	利用しない	57.3
3,000 m 以上	4.5	自動車（自分で運転）	5.1	週1〜2回	46.2	無回答	1.7
		自動車（家族が運転）	19.7	月数回程度	17.9		
		タクシー（介護タクシー）	15.4				
		無回答	0.8				

岩間ほか（2009）より．
*：n=117．複数の店舗を回答している場合には，自宅から最も近い店舗を購入先として計算した．ただし，最寄店がドラッグストアや駅ビルの場合には2番目に近い店舗を最寄店とした．

明されている．食品摂取の多様性得点の全国平均は5〜6である．表9.2は，A市のFDsエリア在住の高齢者を対象にした調査結果を示す（2009年実施，有効回答215世帯）．当該地区では，多様性得点の平均は3.8であった．また，多様性得点が4未満の世帯は全体の49%に及んだ．単身・夫婦2人で自家用車を利用しない世帯に限定すると，同値は60%を上回った．

前述の通り，FDsの発生には，単に自宅から店舗までの物理的距離の拡大だけでなく，コミュニティからの孤立や貧困など，様々な副次的要因が強く影響

表9.2 A市フードデザートエリアにおける高齢者世帯の食品摂取の多様性得点（2009年）

	多様性得点	世帯数（％）
回答者全体【215世帯】	4以上	109（50.7）
	4未満	106（49.3）
自家用車を利用しない高齢者世帯（独居，夫婦2人）【90世帯】	4以上	34（37.8）
	4未満	56（62.2）

アンケート調査結果より作成.

表9.3 フードデザートエリアにおける食品摂取の多様性得点と地域コミュニティの関係（2009年）

位置	FDsレベル	地域コミュニティ	年齢構成（％）			家族構成（％）			運転者なし（％）	買い物頻度（％）				多様性得点
			60代	70代	80代	1人	2人	同居		毎日	5-6回	3-4回	1-2回	
a地区（駅前）	小	弱	24	52	24	24	44	32	52	12	24	12	52	3.2
b地区（住宅地）	大	強	10	47	43	47	30	23	50	25	11	36	29	4.2

アンケート調査結果より作成.

する．なかでも，コミュニティの視点は重要である（佐々木，2010）．A市の場合でも，高齢者世帯の栄養事情と地域コミュニティの間に一定の相関が確認された（表9.3）．A市中心部は全体的に高齢者の栄養事情が悪い．なかでも最も悪かったのは，生鮮食料品店に比較的恵まれている駅前のa地区であった．一方，FDsのレベルが最も深刻な地区の1つである住宅地b地区は，栄養事情は総じて良好であった．多種多様な人々が居住する駅前地区は地域コミュニティが希薄になりがちである一方，周囲に店がなくとも地域の結び付きが密な地域では，高齢者は全体的に元気であり，健康管理にも積極的になる．こうした差が，食品摂取の多様性に反映されたものと推測される．都市社会学や栄養学の分野では，コミュニティからの孤立が健康食生活への興味関心を低下させる，すなわち高次生活機能「知的能動性」の加齢低下を促し，低栄養問題を拡大させる可能性が指摘されている（熊谷，2011）．他にも，貧困や親子関係の希薄化なども大きな影響を与えている（岩間，2011）．FDs問題を解明するには，買い物弱者，買い物難民の視点だけではなく，社会的排除問題を念頭に置いた包括

的な視点から問題を捉える必要がある．

9.3　日本におけるフードデザートの発生要因

　前述の通り，FDs問題発生の主要因としては，生鮮食料品店への近接性の悪化，および社会的弱者の増加（現在の日本では所得の低い高齢者）が挙げられる．その背後には，以下に示す社会環境の大きな変化が介在している．

　1つめは都市の構造変容である．都市の空間構造は絶えず変化する．都市構造が急激に変わるとき，一種のひずみが生じる．例えば東京都市圏が急速に拡大した1960年代以降，近郊農村では都心へと通勤・通学する都市住民と地元住民の混住化が進み，住民間のトラブルが相次いだ．一方，東京大都市圏は1997年以降，縮小傾向にあり（『住民基本台帳』），大都市圏から切り離された地方都市では人口減少や経済の疲弊が著しい．人口減少やモータリゼーションの進展，大型店舗の出店規制の緩和なども相俟って，大型店の郊外出店と中心商店街の空洞化が急速に進んでいる．これらもまた，ひずみの一種と考えられる．なお今後，急速な高齢化が進むのは大都市郊外の住宅団地である．郊外は自家用車利用が前提となっているため，店舗や住宅地が分散している．高齢化が進んだ場合，生活環境の悪化は地方都市の中心部より深刻になると予測される．

　2つめの要因は社会的弱者の増加である．格差社会が拡大する中で，低所得高齢者の生活悪化が顕在化している．介護保険の切詰めも，低所得の高齢者層の生活に大きな影響を与えている．核家族化や地域コミュニティの弱体化も，弱者を増加させる要因である．近年，親族や友人，地域社会との接点が断たれ自宅に引き籠もる独居老人が急増している．孤独死問題も深刻である．FDs問題に関しても，買い物を手伝ってくれる友人知人がいないケースや，周囲から孤立しているため生協の宅配サービスや介護保険の買い物ヘルパーサービスの存在を知らなかったというケースも多い．周囲から孤立する高齢者の多くは，食や健康に対する興味関心自体も失っている．例えば，半年前にA市の駅前（栄養事情の悪いお年寄りが多い地区）に青果店が新規開業したが，近所に生鮮品店ができても買い物に行かない高齢者が多く，店舗の経営は苦しいという．

　3つめの要因は，経済合理性を追求した社会システムの行詰りである．利益

を希求する小売チェーンや医療機関，交通機関などは，採算性の低い過疎地域や地方都市でのサービスを縮小させ，社会サービスの空白地帯を拡大させた．人口や経済が右肩上がりに伸びていた1990年代以前，企業は自社の利益追求に専念していればよかった．小売り企業を例にとると，不採算店を撤退することで買い物弱者が生まれても，地方行政や家族，地域社会がサポートできた．しかし，少子高齢化や経済の停滞，核家族化，地域コミュニティの崩壊などが深刻化している今日，不採算地域からの撤退はFDs問題に直結する．生活環境の悪化は地域の衰退を促進させ，結果的に企業にもマイナスの影響をもたらす．いま，地域社会に対する企業の在り方が問われている．

　FDs問題の本質は単なる買い物先不足ではなく，弱者排除の構図にある．現在，買い物弱者救済策として，全国で青空市場や買い物代行サービス，デマンド交通の運行，移動スーパーなどの事業が進められている．これらは，生鮮食料品店への近接性の向上を念頭に置いた，流通の視点からの取組みである．しかしFDs問題の実態を考えると，社会から孤立する高齢者への支援などが不可欠である．都市の環境は大きく変化した．FDs問題を都市地理学の視点から正確に把握し，問題に対処する必要がある．

◆ **商業地理学**

　商業地理学とは，商業活動全般を地理学的側面から考察する研究分野です．商学や流通，都市計画など，隣接分野も複数存在します．商業とは単なる経済活動ではありません．統計上は「中心商店街」として同一視される商業地も，じっくり観察すると，地域の特性（歴史，文化，自然など）や住民の個性，人と人とのつながり方などが，場所によって大きく異なることに気付きます．地域の抱える問題も多種多様です．こうした要素を包括し，広い視野から商業活動を捉えようとする点が，商業地理学の特徴であり面白さです．フードデザートに代表される，背景の複雑な社会問題が顕在化するなか，商業地理学の視点が重要となってきています．

［岩間信之］

引用文献

岩間信之 編 (2011):『フードデザート問題――無縁社会が生む「食の砂漠」』, 農林統計協会.

岩間信之・田中耕市・佐々木 緑・駒木伸比古・齋藤幸生 (2009):地方都市在住高齢者の「食」を巡る生活環境の悪化とフードデザート問題. 人文地理, **61**:139-156.

熊谷 修 監修 (2004):『低栄養予防ハンドブック』, 地域ケア政策ネットワーク.

熊谷 修 (2011):『介護されたくないなら粗食はやめなさい』, 講談社.

熊谷 修・渡辺修一郎・柴田 博・天野秀紀・藤原佳典・新開省二・吉田英世・鈴木隆雄・湯川晴美・安村誠司・芳賀 博 (2003):地域在宅高齢者における食品摂取の多様性と高次生活機能低下の関連. 日本公衆衛生雑誌, **50**:1117-1124.

駒木伸比古 (2010):フードデザートマップを作成する――GISを用いたエリア抽出方法. 地理, **55**(8):25-32.

佐々木 緑 (2010):フードデザート問題解決への取り組み――地域コミュニティによる高齢者支援. 地理, **55**(8):43-52.

田中耕市 (2010):GISを援用したミクロスケールにおける東京23区の高齢化分析――地域メッシュ統計5次メッシュデータを活用して. 統計, **61**(4):23-30.

田中耕市・岩間信之・佐々木 緑 (2007):『地方都市中心部における高齢者の孤立と住環境の悪化』(財団法人第一住宅建設協会研究報告書), 財団法人第一住宅建設協会.

Acheson, D. (1998): *Independent Inquiry into Inequality in Health Report*, Stationery Office.

Clarke, G., Eyre, H. and Guy, C. (2002): Deriving indicators if access to food retail provision in British cities: Studies of Cardiff, Leeds and Bradford. *Urban Studies*, **39**: 2041-2060.

Cummins, S. and Macintyre, S. (1999): The location of food stores in urban areas: A case study in Glasgow. *British Food Journal*, **101**: 545-553.

Cummins, S. and Macintyre, S. (2002): A systematic study or an urban foodscape: The price and availability of food in Greater Glasgow. *Urban Studies*, **39**: 2115-2130.

Guy, C.M. (1996): Corporate strategies in food retailing and their local impacts: A case study of Cardiff. *Environment and Planning A*, **28**: 1575-1602.

Inglis, V., Ball, K. and Crawford, D. (2005): Why do women of low socioeconomic status have poorer dietary behaviours than women of higher socioeconomic status? A qualitative exploration. *Appetite*, **45**: 334-343.

Linda, F.A. and Thomas, D.D. (1997): Retail stores in poor urban neighborhoods. *Journal of Consumer Affairs*, **31**: 139-164.

Morland, K., Wing, S., Diez-Roux, A. and Poole, C. (2002): Neighborhood characteristics associated with the location of food stores and food services. *American Journal of Preventive Medicine*, **22**: 23-29.

Reidpath, D., Burns, C., Garrard, J., Mahoney, M. and Townsend, M. (2002): An ecological study of the relationship between social and environmental determinants of obesity.

Health Place, **8**：141-145.
Speak, S. and Graham, S. (1999)：Service not included：Private services restructuring. neighbourhoods, and social marginalisation. *Environment and Planning A*, **31**：1985-2001.
Swinburn, B., Caterson, I., Seidall, J. and James, W. (2004)：Diet, nutrition and prevention of excess weight gain and obesity. *Public Health Nutrition*, **7**：123-146.
Timperio, A., Ball, K., Roberts, R., Campbell, K., Andrianopoulos, N. and Crawford, D. (2008)：Children's fruit and vegetable intake：Associations with the neighbourhood food environment. *Preventive Medicine*, **46**：331-335.
Whelan, A., Wrigley, N., Warm, D. and Cannings, E. (2002)：Life in a 'Food Desert'. *Urban Studies*, **39**：2083-2100.
Whitehead, M. (1998)：Food deserts：What's in a name? *Healthy Education Journal*, **57**：189-190.
Wrigley, N., Guy, C.M. and Lowe, M. (2002)：Urban regeneration, social inclusion and large store development：The Seacroft development in context. *Urban Studies*, **39**：2101-2114.
Wrigley, N., Warm, D. and Margetts, B. (2003)：Deprivation, diet, and food-retail access：Findings from the Leeds 'food deserts' study. *Environment and Planning A*, **35**：151-188.

10 子どもと都市環境

10.1 地理学から接近した子どもの世界

「子どもと都市環境」というテーマに接近するには,地理学では都市地理学が最も関連深いと思われがちだが,そうではない.もちろん,都市化や都市機能の中心性が子どもの生活に一定の影響を及ぼすのは認められるが,こと「子どもの環境」に関しては,子どもを取り巻く文化の空間的側面を捉える文化地理学,あるいは現代社会に生きる社会的な存在として子ども(この場合,若者も含む)を捉える社会地理学といった研究分野において多岐に論じられてきた(大西,2000;杉山,1999).とりわけ都市環境の中における生活者としての子どもについての研究は,生活行動と絡めた認知地図(地理学では,「頭の中に想起された地図」の意味でメンタルマップと一般に呼ばれている)や青少年の景観認知,場所への愛着,若者の居場所,ジェンダーといったキーワードから接近した研究が多い.これらの研究のルーツの1つに,都市イメージの研究で有名なケビン・リンチ(Lynch, K.)による『青少年のための都市環境(*Growing up in Cities*)』(1977)の国際比較研究が挙げられる.リンチの研究に代表されるように,欧米では早くから子どもがどういった都市環境で生活すべきかを論じた実証的な研究が登場している.また,近年イギリスで発刊されたジャーナル『子どもの地理学(*Children's Geography*)』に代表されるように,地理学も地域に生活する子どもを捉えるように努力してきている.その研究史においては,子ども世界の地理的な空間構造を解明してきた代表的な研究として,アメリカの地理学者ロジャー・ハート(Hart, R.)による『子どもの場所探検』(*Children's Experience of Place*, 1979)という大著が筆頭に挙げられるだろう.この研究は,アメリカ北東部のある街における子どもの遊び行動や遊びの拠点,空間認知の発達過程を詳細に調査し,都市環境における子どもの成長がどうあるべきかについて多くの示唆に富む視点を与えてくれた.筆者もこの研究に触発されて,

1981年頃から都市や農山村，漁村などのフィールドに出かけて子どもの遊び行動に関する事例研究を積み重ねてきた．子ども自身に身近な環境の手描き地図を描かせ，そこに表出された場所の特性を環境心理学や教育社会学，文化人類学・民俗学などの知見からも学びつつ考察し，空間認知の発達過程や子ども独特の行動実態などに関しても実証的に調べてきた（寺本，1988；1994）．

さらに，子どもが空間に抱く心象として，場所の好き嫌い，怖さや暗さなどに強い関心を抱く子どもの相貌的（フィジオノミック）な知覚に関しても研究を行った（寺本，1990）．1995年頃には臨床心理の手法で用いられる写真投影法にも注目して，手描き地図だけでなく，子ども自身が撮影した環境写真からも子ども世界を読み解く努力をしてきた．これらの動向に関しては学会誌『人文地理』に発表した展望論文を参照してほしい（寺本，2003）．

本章では，これまでの研究や他分野の動向などに視野を広げつつ，日本の都市環境と子どもとの関係を地理学的に論じてみたい．特に近年の日本社会では犯罪や事故への懸念から，子どもが屋外において安全で安心に活動できる環境が悪化・減小の一途をたどっており，自由な空間行動に制約がかけられつつある．かつての群れ遊びやアジトスペース（仙田，2009）はまったく言ってよいほど見られなくなってきた．こうした問題も本章で考察したい視点である．

一方，都市環境のメンタルマップの形成を促す地図や画像などの地理的情報はむしろ増加しており，余暇や修学のために広範な空間移動を伴う機会が現代日本の子どもたちには増えている．親に連れられて国内や海外の旅行に出かけたり，留学やキャンプ，農山村長期宿泊体験に出かけたり，郊外ショッピングセンターへの購買行動など，多様な空間移動と空間体験の機会も増えている．とりわけ，親の所得格差に応じて子どもの地理的体験についても格差が生じていることが予想され，日本の子どもの都市環境を単純に論じることはできない．なお，ここで論じる子どもにとっての都市環境とは，あくまで筆者が捉えた狭い領域や視点に限って論じるにすぎないことをお断りしておきたい．

10.2　都市環境で生活する子どもにとっての「場所」の意味

人文地理学で重視してきた用語に，場所（place）という言葉がある．場所に

は様々な意味や体験的記憶が付着している．かつて自分が住んでいた場所，恋人と待合せに使った駅前デパートの玄関前，子ども時代に秘密基地をつくった空き地，先祖が葬られている墓地など様々な意味が場所には付着している．アメリカの有名な人文主義地理学者であるイー・フー・トゥアン（Tuan, Y.F.）は，なかでも愛着の強い場所に対して「場所愛」（トポフィリア，topophilia）という言葉を当てはめて論じた(Tuan, 1974)．人間はトポフィリアのある場所にこだわり，その場所に満足や楽しみを切望したり，あるいは回帰したり，その場所を再現したりもする．子どもにとってのトポフィリアに言及してみれば，例えば，自宅の押入れにつくった秘密の隠れ場所が挙げられる．そこに入ると不思議と心が落ち着き，愛玩物を持ち込んだりするものである．心理学の知見を借りれば，ゆりかごに似た母胎に似ているが，屋外にこしらえる「ひみつきち」（子どもも呼称する意味で，ひらがなで表記）でもそういった感情が湧いてくる．もちろん，仲間とつくる屋外の「ひみつきち」はアジトの機能も併せ持ち，入るのに合言葉が必要だったり，竹やりやモデルガンなどの武器が準備されたりするものだが，何と言っても基地の内部は気持ちが落ち着くものである（図10.1参照）．草や木で囲われている構造だからであろうか．

一方，現代の都市環境においては，子どもたちだけで建設された「ひみつき

図10.1 子ども自身が描いた「ひみつきち」のスケッチ（小学3年生・男子）

ち」は消失しかけている．屋外に基地をこしらえること自体が困難な社会状況に陥っているからだ．空き地の減少や基地づくりのための時間と仲間，材料が決定的に不足している．たとえ空き地があったとしても，立入り禁止の看板や有刺鉄線が設けられるなど，管理された空間（ドメイン）が増加している．子ども側の事情では，少子化に伴い地域で遊ぶ子どもの姿が少なくなっている，さらに，基地の建設に必要なゆとりある遊び時間や基地づくりの材料（板切れや竹，ダンボール，タイヤなどの廃材）が近隣では入手しづらくなってきているなどの背景がある．

　2008年に愛知県瀬戸市で調査した際には，久し振りに多くの「ひみつきち」に出会うことができた．瀬戸市の東部に位置する「焼き物の里」と呼ばれる地区で，雑木林や畑地，住宅地などが混在しているのどかな地区である．小学生が多数在住し，基地が建設できる条件として，近隣に日中安全に遊べる環境があること，さらに親戚を含め大人の姿を近隣で見かける頻度が多い点が基地づくりに適していると思われる．日中，畑作業や焼き物の窯の手入れなど，野外で大人の姿を見かける頻度が多いのである．おそらく子どもたちは，大人たちの作業姿を遠くで眺めつつ，半ば安心して基地づくりを愉しんでいるのであろう．そういう意味で「ひみつきち」づくりの基底には，大人たちによる無意識の見守りがあることが，条件として横たわっているのかもしれない．瀬戸市郊外で発見された基地の一例は，自宅の脇に作られており，決して人目につきにくい基地ではなかった．その意味で，「ひみつ」の基地ではないかもしれないが，本人たちにとっては立派な「ひみつきち」であった．

　子どもは9歳前後になると独立した自分たちだけの世界，大人からコントロールされない場所を欲するようになる．だからといって家出するような親離れを意味するのでなく，遊びの中で親や周囲の大人たちには知られていない「ひみつのばしょ」を欲するのである．親や周囲の大人たちがまったくその存在を知らない場合もあれば，黙認しているケースもある．そういった自治的な場所は，自宅内から，自宅近くのちょっとした建物の隙間や林地などにつくられる．大人世界にとっては死角にあたる場所であるせいか，一種の「あやしさ」があり子どもたちにとって魅力的な場所となっている．表10.1は，愛知県瀬戸市において調査した結果をまとめたものである．環境のやや異なる2つの小学校

表 10.1 秘密基地づくりの経験 [( )内は各被験者に対する回答者の割合（%）]

	A 校		B 校		合計	
	男子	女子	男子	女子	男子	女子
ある	70（51）	41（30）	55（67）	52（69）	125（57）	93（44）
友達*	24（18）	15（11）	8（10）	2（3）	32（15）	17（8）
ない	42（31）	80（59）	19（23）	21（28）	61（28）	101（48）
合計	136（100）	135（100）	82（100）	75（100）	218（100）	210（100）

2008年に実施したアンケート調査より作成.
＊：友達と一緒につくったことがあることを示す.

(A, B) において，1年生から6年生に至る合計439名に依頼して遊び場の様子を地図に描いてもらい，その中に描かれた「ひみつきち」の実数を集計したものである．A校は市街地の都市化が進んだ地区で，B校は郊外の比較的林地が残っている地区である．どちらも「草むらの中」や「森の中」，「植え込みの中」などに建設されるケースが多く，人工的環境よりもどちらかと言えば，B校のように自然的環境が卓越した地区につくられやすい．

　実際の事例を挙げてみたい．資材置き場の一番奥にある資材の中につくられた例では，角材の間に板を挟んで壁にし，頭上にも板を乗せ屋根にしている．入口の大きさは幅40 cm，高さ1 mほどで内部は幅1.5 m，高さ1.3 m，奥行き1.5 m程の空間になっている．小学4年生の彼ら（男子）は3～4人でガラクタや漫画，ゲームを持ち込んで一緒に遊んでいるらしい．資材置き場という雑然とした中にも，材木などは武器に見立てた遊びの材料に好都合であり，基地づくりの動機づけになっている．

　女子の事例も紹介してみたい．小学2年生の女子が自宅から50 m離れた雑木林の中につくった例では，外部からは基地のあることさえわからない．木の枝を掻き分けて中に入ってみると，青いプラスティック製のトタンを背に2 mほどの奥行きがみえてくる．鍋や皿，空き缶などを持ち込み，「ままごと」遊びに興じているという．「ままごと」自体，子どもが日常の生活を模倣したり再現したりする遊びなので，基地の中のつくりも一種の家屋の間取りに近いものがあり，「通路」とか「玄関」，「窓」，「寝るところ」，「トイレ」，「ゴミ捨て場」など家屋の構造につながる名前がつけられていた．

　基地内には様々な材料が持ち込まれる．表10.2はアンケートから判明した材

表10.2 アンケートに書かれた秘密基地づくりの材料

用途		物
基地の構造をつくるもの	周りを囲める	ダンボール，岩，石，木の枝，板，トタン，竹，レンガ，わら，タイヤ，布
	下に敷く	ダンボール，ビニールシート，カーペット，ざら板，お風呂のマット，お風呂のふた，ござ，草，枝，水道管，タイヤ
	屋根にする	ダンボール，わら，かさ，トタン
イメージを触発するもの	生活感	いす，机，岩（いすの代わり），ダンボール（机の代わり），ビールケース（机の代わり），コンクリート（机の代わり），毛布，布団，靴箱，本棚，ソファー，バケツ，ほうき，ポット，壊れたテレビ，発泡スチロール（冷蔵庫の代わり），時計，棚，ライト
	ファンタジー	陶器の割れたもの，ビー玉，水がめ，つぼ，水道の蛇口，壊れた時計，皿，旗，ホース，鉄の棒（剣の代わり），瓦
	遊び	ハンモック，ターザンロープ，トランポリン，そり

2008年に実施したアンケート調査より作成．

料の一覧である．実に様々な材料を駆使して建設し，遊んでいることがわかる．「ひみつきち」は概して人目につきにくく，狭い場所に建設されがちであることがわかる．基地に，自分たちが「隠れる」，大切なものを基地に「隠す」といった機能を持たせ，数名以下の仲間で建設し，放課後の居場所となっている．また，ある基地は敵の進入から基地を守る構造になっていて，「みはり場」や「逃げ道」も用意され，望遠鏡やおもちゃの鉄砲，剣なども持ち込まれ，さながら陣地のように見立てている．建築家の仙田 満が『こどものあそび環境』(2009)の中で案出している「アジトスペース」がそれであり，「ひみつきち」は子どもたちの居場所なのである．

10.3 都市環境に残る「怖い場所」

都市環境で生活している子どもたちは，どちらかと言えば，自宅以外の街角で怖い場所を見つけたがる傾向がある．子どもの知覚特性の1つに相貌的知覚(physiognomic perception：対象物に対して感情を伴って見る見方や感受性)があることはドイツの心理学者ウェルナー(Werner, H.)の指摘を待つまでもなく認められている．日本の子どもの場合，野外における怖い場所の代表格が「お

化け屋敷」や「空き家」,「幽霊の出る場所」である．壊れかけた空き家や倉庫，不気味な雰囲気をかもし出す森や林に隣接した家屋に命名されることが多く，子どもの通称地名の一種でもある．枝ぶりが不気味な桃の木を指して「お化けの木」と呼んでみたり，水田の隅に生じた湿地を「底なし沼」と呼んだりして恐れていたりする．多くの子どもたちに呼ばれている通称「ネコ屋敷」は，そこに住んでいた人がネコに食い殺されたとか，ネコの人魂が出るといううわさも生じた場所である．空き家の脇にゴミ捨て場があり，そこに野良猫が集まってきているという事情も影響している．子どもたちの「こわい場所がこわい理由」の一覧を表10.3に示す．これによれば，怖さという感情がいかに多くの言説を引き出しているかがわかる．

「あやしさ」の背景には，得体の知れない生き物や幽霊，死（血），暗闇などがあり，誰かが死んだとか，呪われているなどの伝説が語られやすい．その中で「お化け屋敷」の類は，大半は空き家に付けられたニックネームであり，古ぼけた窓や壁，捨てられた遊具やゴミ，手入れがされていない草木などがお化け屋敷の「あやしさ」を演出するための装置として機能している．

ところで子どもは，どうして怖い場所を欲するのだろうか．その怖さの半面に日常の幸せがあり，怖いもの見たさの感情でも生じるのだろうか．著名な地理学者で民俗学者でもあった千葉徳爾（当時，明治大学教授）に筆者がかつて尋ねたところ，幼い子どもには動物的な知覚が残っているからであると教えられた．アニミズム的な知覚のあり方がその一例であるという．しかし，都市化の進展に伴い古ぼけた空き家が撤去されたり，管理責任を問われるため立入り禁止になったり，さらに近年の子どもを狙った犯罪への心配から空き家や藪，地下道などの「入りやすくて見えにくい」場所に対して注意が喚起されるようになった影響から，それらの「あやしい」場所と子どもたちの行動との接点が見られなくなっている．都市地理学で指摘される心理的な境界（エッジ）の一部分がそれらにあたるが，子どもと都市環境の関係を考えていく上で課題を残しているのではないだろうか．

表 10.3 「こわい場所」がこわい理由 [（ ）内は回答数]

園　児	2 年生
・ヘビが出そうだから　　　　　（4）	・ヘビが出そうだから　　　　　（5）
・暗いから　　　　　　　　　　（4）	・おばけが出そうだから　　　　（3）
・おばけが出そうだから　　　　（3）	・お墓があるから　　　　　　　（3）
・竹やぶがあるから　　　　　　（3）	・気持が悪いから　　　　　　　（3）
・草が茂っているから	・カッパが出るというから　　　（2）
・何か音がするから	・竹やぶがあるから　　　　　　（2）
・綱が落ちているから	・暗くて下が見えないから　　　（2）
	・ネズミの死体があるから
	・クモの巣があるから
	・ハチが来るから
	・木の葉がいっぱいだから
	・大きな穴があるから
	・沼があるから
	・静かだから

3 年生	5 年生
・ヘビが出そうだから　　　　　（9）	・暗いから　　　　　　　　　（19）
・暗いから　　　　　　　　　　（4）	・足がうずまるから　　　　　　（9）
・ネコがたくさんいるから　　　（3）	・ガラスが割れているから　　　（7）
・キツネの像があるから　　　　（3）	・木が茂っているから　　　　　（7）
・空き家でぼろぼろだから	・ぼろぼろだから　　　　　　　（7）
・ガラスが割れているから	・人が死んだというから　　　　（7）
・だれもいないから	・ネコがたくさんいるから　　　（5）
・カッパが出そうだから	・気持ちが悪いから　　　　　　（3）
・毛虫が落ちてくるから	・人がいないから　　　　　　　（3）
・イヌが死んでいたから	・竹やぶがあるから　　　　　　（3）
・イタチの骨が落ちているから	・神様がいるから
・ブタの骨が落ちているから	・人形が置いてあるから
・いろいろな死体があるから	・毒キノコがあるから
・サソリがいるから	・お墓があるから
・血がついていたから	・ムカデやカラスがいるから
・死んだ人がいるというから	・ころびそうだから
	・草が茂っているから
	・火の玉が出るというから

1985 年に実施したアンケート調査より作成．

10.4　子ども道の役割

「あやしさ」を感じる空間として，道も挙げられる．「子ども道」と呼ばれる

10.4 子ども道の役割

空間は，子どもだけが好んで通る小道である．ひみつの通路と言ってもよいかもしれない．狭い道を通る際に「わくわくする」感情を抱いたり，道の周りが殺風景で怖い感情を抱いたりする場合がある．調べたケースでは，「ひみつきち」に通じる「子ども道」であったり，道そのものを指して怖いと認識した場合もあった．工場と工場の間の道なので物音が工場から聞こえるのは当然なのだが，「僕たちが通ると何かわからないけど，ボンという音がするんだ．それに窓に何かの顔が見えるんだ」などと述べたりする．

道は，かつて子どもたちの日常の遊び場であった．道で友達と出会い，道で夕日を眺めたり，道で迷ったりした．そういった子ども道が多く描かれた身近な環境の地図は，意外としっかりとした地図の骨組みがあり，認知地図としても発達した姿を呈している（図 10.2）．子ども道は，近隣の空間認知を形作り，子どもどうしの遊び空間を形作るネットワークなのである．

漆黒の暗闇はコンビニエンスストアの照明や外灯の増加ですっかり少なくなっている．魑魅魍魎が跳梁跋扈する世界など，アニメの中でしか見出せなくなっている．子どもたちから「あやしさ」が消滅してしまえば，想像する気持

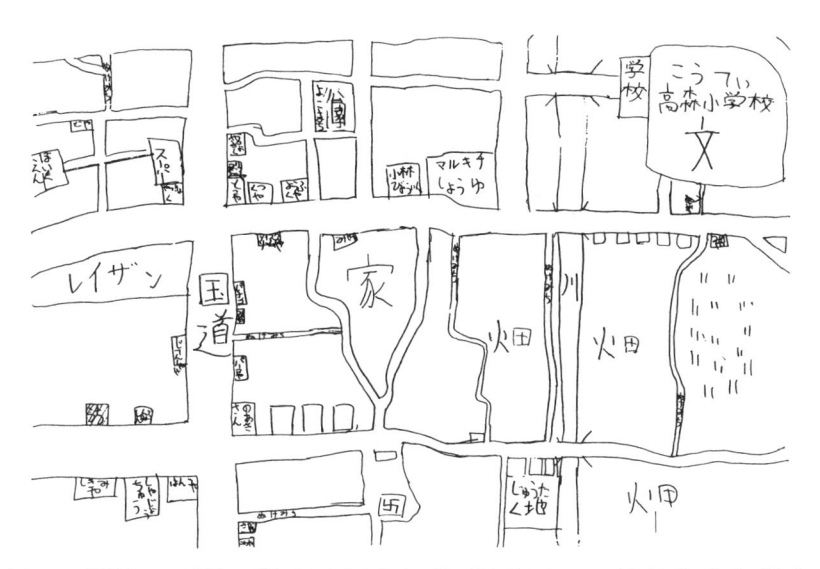

図 10.2 地図中に 7 カ所もの「ぬけみち」と称する細い道が描かれている例（小学 5 年生・男子）寺本（1988）より．

ちや好奇心・恐怖心さえも萎えてしまうかもしれない．子ども世界にとって「あやしさ」は，やはりなくしてはいけない感覚的印象である．子どもの環境知覚の特色を考える場合，客体である環境と主体としての自分が未分化で，ときとして環境に主観的な意味や感情を付して知覚する傾向が見られる．前述した子どもらしい感覚的印象の発露がそれで，ウェルナーが相貌的知覚と名付けた特性である．いわゆるアニミズム的な見方もこれに含まれる．

こうした特性に関わる場所について筆者は，次のような調査を実施したことがある．「あなたの住んでいる家の近くや学校までのみちすじで次のような場所や建物について知っていたら，絵や地図に書いて説明してください」と指示して，①古いもの（お地蔵さん，言い伝えのある場所），②こわいもの（ヘビのすみか，お化けの出る場所），③ふしぎなもの（神様のいるところ，へんな場所など）を描かせたのだ．これらを一言で表現すれば，本章で使っている「あやしい空間」かもしれない．「あやしい」場所（ひみつきち，空き家，墓場）や「あやしい」時間（夕刻，闇）は，この世の中が不思議なもので満ちていること，自分の思いのままにならない世界が存在することを感じとらせ，人間らしさを見失わないための条件設定とも言える．だから，子どもの居住地区がすべて新しく作られた人工的で整然と整えられた街並みだけであるなら，「あやしさ」はどこにも感じられない．例えば大規模なニュータウンや都心の集合住宅群に住む子どもにとって，「あやしい空間や時間」を見出すのは困難である．だからこそ，こういった地区に住む子どもに対しては，親は意図的にでも「あやしい空間」との接触を用意する必要があるのではないだろうか．子ども世界にそういった場所が共存していることにより，自己中心性が強い子どもたちに謙虚さや畏敬の念，懺悔（ざんげ）の気持ち，自然物への感性などを抱かせることができるからだ．

10.5　おわりに——現代の都市環境と子どもの生活

子どもの成育する環境がどのような土地利用であるべきか，どのような生活時間を送れるようにすべきか，遊び仲間は近隣でどの程度の数が（年齢により）必要なのだろうかなど，子育ての上での議論は絶えることがない．誰でも自分の幼い頃を懐かしみ，原風景を語ることができる．しかし，どうあるべきかを

明確に論じることは容易ではない．本章で指摘したいのは，子どもは大人との関係性で育つということである．瀬戸市郊外で見つけた「ひみつきち」の例を持ち出すまでもなく，大人社会と無関係には子ども世界は存在しない．大人によって秘密基地が壊されることがあるし，基地内で遊ぶ内容も大人社会で流行っている遊びであったり，テレビやゲームで見たキャラクターが登場したりするからだ．もちろん，安全な遊び場や気の合う遊び仲間，ゆったりとした遊び時間の確保も必須の条件である．にもかかわらず，防犯上の心配から，昨今の母親が外遊びを極度に心配し，子どもを室内に囲い込みたがる傾向は明らかに異常である．子どもの生活全体が管理されすぎている．もちろん，過干渉もあれば過放任もあろう．子どもらしさを保存できる普通の都市環境を実現させることこそ難しい時代になっているのかもしれない．「あやしい空間」を日本の子ども世界からなくしてはならない．

◆ 地理教育

　生まれ育った身近な地域を地理的に熟知したり，訪れたことのない未知の地域を写真や資料で学び，その土地の成立ちや利用のされ方を知ったりすることは，最終的には自分を取り巻く場所の理解につながります．地理教育は，自分と場所との関わり方を示唆してくれます．しかし，現代の子どもたちは身近な地域でさえ十分に知っているとは言えません．その代わり，かつての子どもとは比べ物にならないほど遠い場所へ連れて行ってもらう旅行の機会があります．フィールドワークを通して足元や旅先を理解し，地図・地理情報を駆使しつつ視野を拡げる生き方は，現代人に欠かせない地理の学びなのです．

[寺 本　潔]

引 用 文 献

岩田慶治 編著（1985）:『子ども文化の原像』，日本放送出版会．
大西宏治（2000）:子どもの地理学——その成果と課題．人文地理，**52**：149-172．

杉山和明（1999）：社会空間としての夜の盛り場——富山市「駅前」地区を事例として．人文地理，**51**：396-409.

住田正樹・南 博文 編（2003）：『子どもたちの「居場所」と対人的世界の現在』，九州大学出版会.

仙田 満（2009）：『こどものあそび環境（復刻版）』，鹿島出版会.

寺本 潔（1988）：『子ども世界の地図——秘密基地・子ども道・お化け屋敷の織りなす空間』，黎明書房.

寺本 潔（1990）：『子ども世界の原風景』，黎明書房.

寺本 潔（1994）：『子どもの知覚環境』，地人書房.

寺本 潔（2003）：子どもの知覚環境形成に関わる研究と教育の動向．人文地理，**55**：477-491.

脇田佐知子（2006）：子どもの『ひみつ基地づくり』と遊び空間に関する地理学的研究．愛知教育大学卒業研究.

Hart. R.（1979）：*Children's Experience of Place*, Irivinton Publishers.

Lynch, K.（1960）：*The Image of The City*, MIT Press ［丹下健三・富田玲子 訳（1968）：『都市のイメージ』，岩波書店］.

Lynch, K.（1977）：*Growing up in Cities*, MIT Press ［北原理雄 訳（1980）：『青少年のための都市環境』，鹿島出版会］.

Tuan, Y. F.（1974）：*Topophilia：A Study of Envirommental Perception, Attitudes, and Values*, Prentice Hall ［小野有五・阿部 一 訳（1992）：『トポフィリア——人間と環境』，せりか書房］.

# 11 学校適正配置へ向けた計画立案支援手法の提案と適用

日本では少子化の進行に伴い,小中学校の余剰が顕著になりつつある.児童・生徒数の少ない学校は経済的に非効率であるだけでなく,極端な小規模化は複式学級の発生や生活経験の欠如など,教育環境としても改善を要する場合が少なくない.そのため各自治体では,小中学校の統廃合をはじめとした適正配置の実現を目指している.

しかし現実の政策立案の場では,児童・生徒の居住地や交通条件,既存の学区,伝統校の位置付け,学校の建替え計画などをすべて勘案する必要がある.さらに,学校は地域コミュニティの中心的存在であり,その存廃には地域の住民感情への配慮も不可欠である.したがって,最終的な計画立案までには実に多くの試行錯誤を要し,その実現も決して容易ではない.

この問題に有効な手法の1つとして,オペレーションズリサーチの分野に最適配置計画(正確には集合被覆問題)というものがある(岡部・鈴木, 1992).これは,児童・生徒の通学距離や学校の児童・生徒数,既存学区からの乖離の程度などに一定の条件を定めた上で,学校数を最小にする配置を考える問題である.数理的な手法に基づき,様々な学校配置を順次試みながら,すべての必要条件を満たし,かつ学校数を最小化する配置が自動的に導出される.この方法は,地理学の分野では公共施設の立地・配分問題に適用されるものでもある.

本章ではこの最適配置計画をさらに拡張し,学校適正配置のための計画立案を支援する新しい手法を提案する.特に,より現実に即した計画立案を主眼とし,議論の柔軟性を担保する.

11.1 計画立案支援手法

11.1.1 学校適正配置計画案群の導出

ここでは,単一自治体内での学校の適正配置計画を考える.以下,簡単のた

めに対象を小学校に限定して論を進める．

まずはじめに，学校適正配置計画案群を導出する．ただしこれらは，実際の計画案とするものではなく，学校配置の現状をより深く理解し，円滑な適正配置計画の立案を手助けするものである．前述の通り，適正配置には多くの要因が関わるが，ここではまず児童の通学距離と学校の児童数のみに着目した適正配置を考える．日本ではそれぞれの上限が 4 km，720 人とされており，ここではそれぞれ近接要件，規模要件と呼ぶ．

図 11.1 は，ある自治体の小学校の位置と，各学校を中心とする半径 4 km の通学限界範囲を示すものである．この地域には，児童が平均 10 人/km^2 程度の低密度で一様に分布している．各小学校の児童数は 100〜300 人程度であり，上限の 720 人と比べてかなり少ない．

例えばこの自治体における A 校の通学限界範囲は，他の小学校の通学限界範囲と完全に重複している．小学校の児童数は上限値の半分以下であることから，仮に A 校が廃校になっても，児童は近隣の小学校で十分に収容することができる．他にも B 校など，この地域には廃校にできる小学校がいくつか存在する．他方，南部の自治体境界付近に位置する C 校や D 校には，それらが唯一の通学限界範囲内である児童が通学しており，むやみに廃校にはできない．

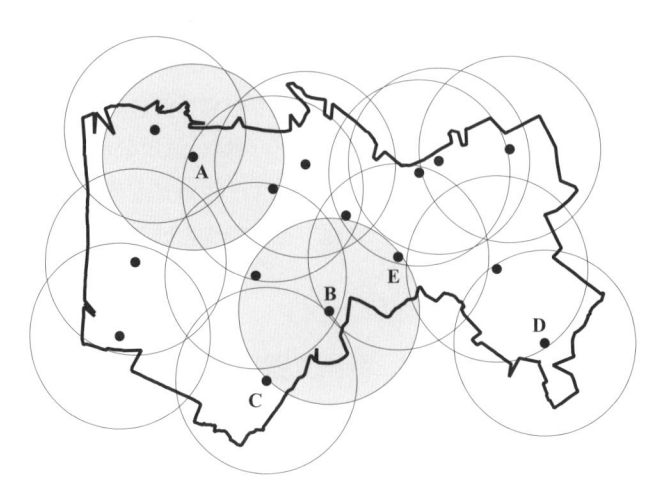

図 11.1 小学校配置と通学限界範囲

そこで，この自治体における近接要件と規模要件を満たす最小数の学校配置を，前述した最適配置計画の考え方を利用して導出する．数理計画法のソフトウェアを用いることで，複雑な問題も比較的短時間に解くことができる．

ところで，上記から得られる適正配置計画案は，通常は1つである．しかし実際には，学校数を最小とする配置案は必ずしも一通りとは限らない．図11.1の場合，例えば，B校の代わりにE校を廃校にすることも可能である．存置する小学校の組合せは，場合によっては数千通りとなることもある．それらはいずれも配置計画案として扱うべきものであることから，ここでは敢えて複数の学校配置案を導出した上で議論を進める．なお，導出の詳細な手順についてはSadahiro and Sadahiro（2010）を参照されたい．

11.1.2 学校配置の現状分析

次に，上記の複数学校配置案を用いて，学校配置の現状分析を行う．上で見たように，各学校の存廃は必要性の高さに応じて定まるが，その決定要因は学校・児童分布と近接・規模要件である．そこでここでは，各学校の必要性を近接需要と規模需要という2つの視点から評価する．

第1の視点である近接需要とは，学校・児童分布と近接要件との関係に依拠した，学校に対する存置需要を表す．児童分布が非常に低密な地域でも，小学校は少なくとも最大通学距離の2倍以下の間隔で配置しなければならない．このような地域にある学校を，以下，近接需要の高い学校と呼ぶ．

一方，第2の視点である規模需要とは，学校の規模要件に依拠した存置需要である．多数の児童が集住している地域では，すべての児童を収容するために複数の小学校を近接して配置しなければならない．このとき各学校は，規模要件を満足するために必要となることから，規模需要の高い学校と呼ぶ．

これら2つの需要の高さを測るために，次に①～③の3つの数値指標を提案する．まず，①採択率とは，各小学校が全配置案の中で存置されている割合であり，2つの需要の高さを総合的に示す指標である．②充足率とは，各小学校の全定員に対する実際の通学児童の比率であり，これは主として規模需要を反映する数値である．

しかし残念ながら，これらの指標だけでは近接需要の高さを推し量ることが

できない．そこでいま，各児童が通学範囲内にある各小学校にランダムに通学指定を受けるものと仮定し，各学校の児童数の期待値を，通学する全児童の持つ通学可能学校数の合計で除したものを，③近接需要指標と呼ぶ．以上の3つの指標を用いることで，2つの需要の高さを小学校ごとに評価することができる．

なお，以上の3つの指標に加え，ここでは近接要件のために必ず存置しなければならない学校を特に必須学校と呼んで区別する．通学範囲内に1つしか小学校を持たない児童の通う小学校は，たとえ児童数が非常に少なくとも存置せざるをえない．このような小学校は上記3指標からは識別できないため，別途区別して分析対象とする．

11.1.3 小学校群の構成

多数の小学校が存在する場合には，それらをいくつかに分けて配置計画を考えたほうが，全体を一度に議論するよりも効率的である．そこで次に，自治体内の小学校をいくつかのグループ（以下，小学校群）に分割する．

まず最初に，各小学校を母点とするドローネ三角網（点集合の各点を頂点とする三角形群からなるネットワーク）を構築する．次に，得られたドローネ三角網から，自治体境界にまたがるものと，最大通学距離よりも長いものを取り除く．その結果，図11.1の場合には図11.2の各線分で示されるようなネットワークを得る．

次に，各辺の両端点に位置する小学校対のうち，補完関係と独立関係にあるものを抽出する．補完関係にある小学校対とは，各学校配置案の中で，一方が存置，他方が廃校とされている小学校対である．このような小学校対では，どちらか一方のみ存置すれば十分であるということになる．また，独立関係にある小学校対とは，学校配置案の中で，それぞれの存廃が互いに無関係であるものを指す．一般的に，遠く離れた小学校どうしは独立関係になることが多い．

これらの結果は図11.2のように図化することができる．独立関係にある小学校については，それぞれ個別に配置計画を考えてよいことから，互いに別の群に属するように小学校を分割していくと，最終的に$G_1 \sim G_7$の7つの小学校群が得られる．各群どうしは互いに独立関係にあるが，各群内の小学校どうしは必ずしも独立ではない．したがって，小学校群ごとに個別に配置計画を立案し，

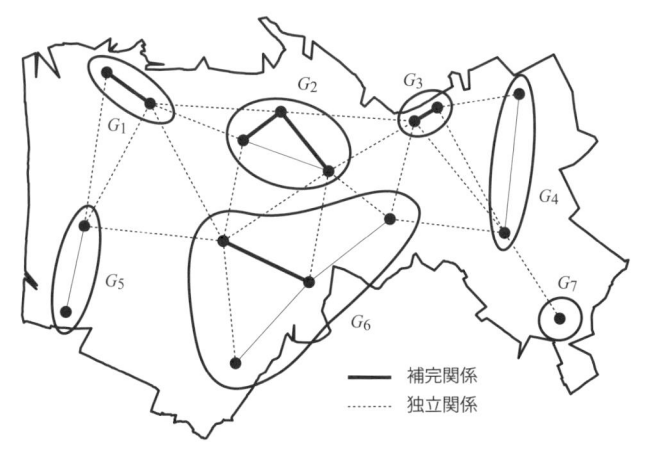

図 11.2 小学校対の間の関係と小学校群

それらを合わせて全体計画とする．

　補完関係にある学校については，そのどちらか一方を存置する．群 G_1 や群 G_3 では，それぞれ 1 つの小学校を選ぶことになる．群 G_2 の場合には，左端の小学校を存置するのであれば，それと補完関係にある中央の小学校を廃止し，右端にある小学校を存置する．あるいは，中央の小学校のみを存置し，両端の小学校をいずれも廃止する．その他の小学校群については，通学距離や学校規模だけではなく，交通条件や既存学区，自治会域などを総合的に勘案しながら配置計画を立案する．

11.2　適　用　例

　11.1 節で提案した手法を，千葉市稲毛・若葉両区の小学校適正配置計画に適用してみる．データは 2009 年時点での学校配置と児童分布に基づいている．なお，千葉市は都市域にあることから，最大通学距離は通常の 4 km ではなく 2 km とする．

　結果を図 11.3～11.5 に示す．まず指摘できる点は，若葉区の必須学校の多さである．既存の 20 校中 8 校が必須学校であり，特に W-16～20 は充足率の低さが目立つ．これは，若葉区東部では学校がまばらであるが，それ以上に人口密

度が全体的に低いことによる．他方，必須学校の中でも W-5 や W-6，稲毛区の I-14，I-16 は充足率が 1.0 である．すなわち，これらの学校では，近接需要と規模需要のいずれもが高くなっている．

図 11.4 からは，児童数の少ない非必須学校が稲毛区中・南部や若葉区中央部に集中していることが読み取れる．これらの地域では，学校統廃合が特に必要と考えられる．

図 11.3 に戻ると，I-15，W-1，W-7 は必須学校ではないが採択率が 1.0 であることに気付く．このうち I-15 と W-1 については，図 11.4 および 11.5 より，近接需要は低いが規模需要は高いことから，高い採択率の理由は後者であることがわかる．反対に W-7 は，近接需要のほうが相対的に高く，採択率の高い原因であると推定できる．

必須学校の近接需要を見ると，通学範囲内に 1 つだけしか学校を持たない児童が，必須学校にどのくらい通学しているのかをある程度推定できる．そのような児童の割合が低いと I-14，W-6，W-13 のように近接需要が低くなるが，逆に大半を占めるようになると W-19 や W-20 のように近接需要が高くなる．

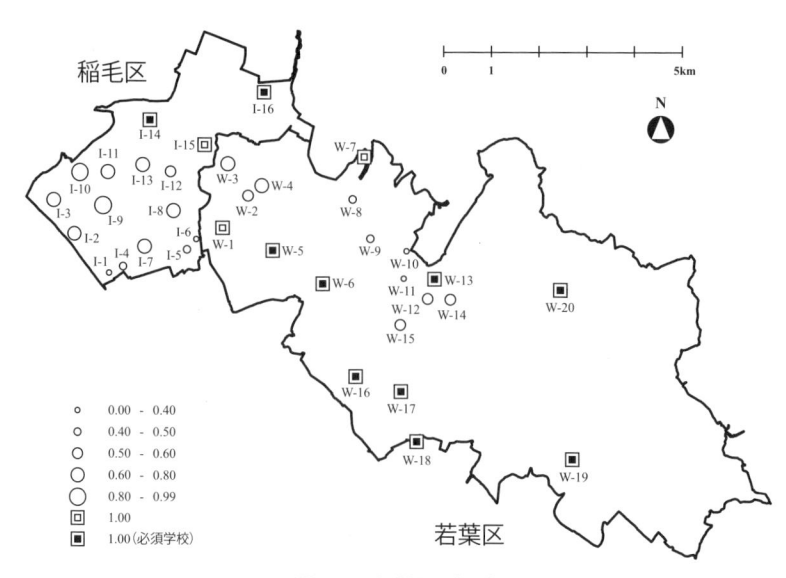

図 11.3 小学校の採択率

11.2 適用例

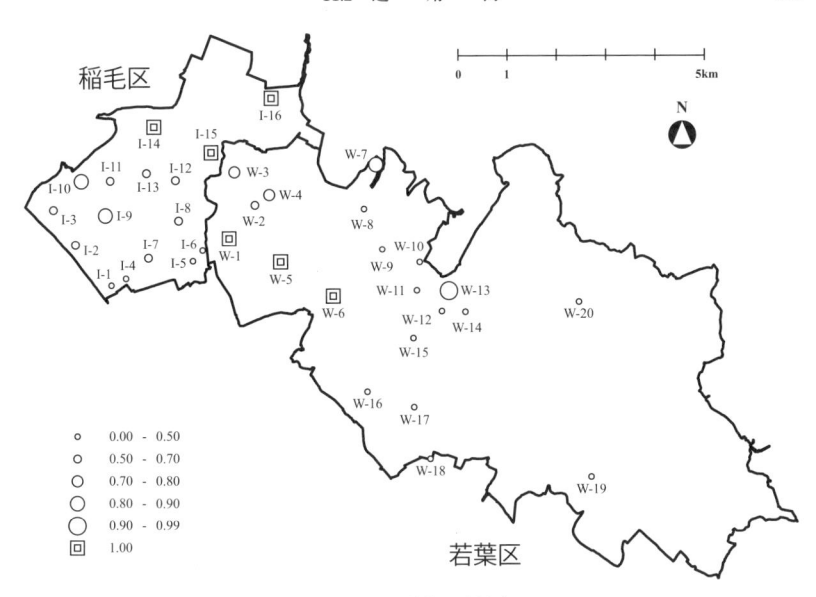

稲毛区

若葉区

○ 0.00 - 0.50
○ 0.50 - 0.70
○ 0.70 - 0.80
○ 0.80 - 0.90
○ 0.90 - 0.99
▢ 1.00

図 11.4 小学校の充足率

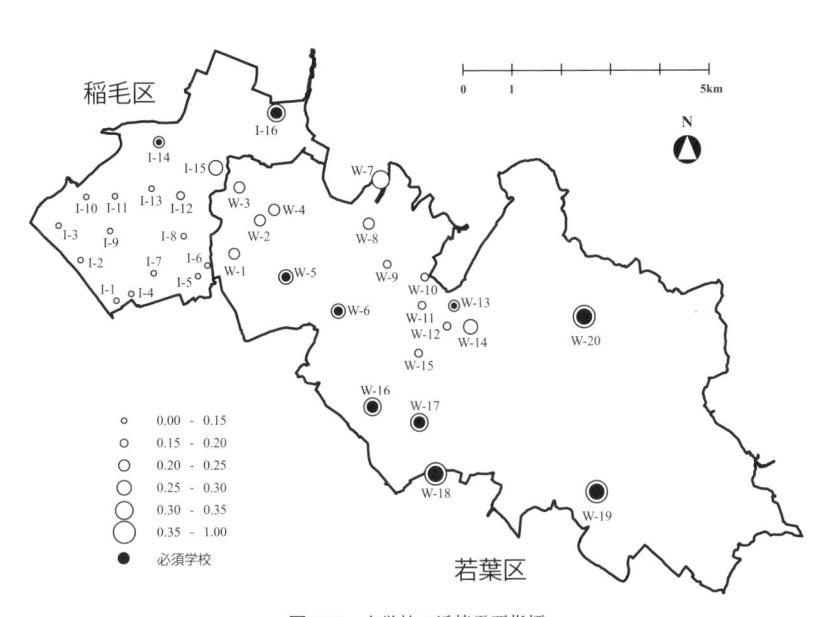

稲毛区

若葉区

○ 0.00 - 0.15
○ 0.15 - 0.20
○ 0.20 - 0.25
○ 0.25 - 0.30
○ 0.30 - 0.35
○ 0.35 - 1.00
● 必須学校

図 11.5 小学校の近接需要指標

次に，両区の小学校をいくつかの群に分割する．独立関係にある小学校を別の群に配置し，そうでない場合にも補完関係にある小学校をまとめて他と区別するなどすると，稲毛区では最終的に5つの小学校群が得られる（図11.6）．このうちI-14やI-16はいずれも必須学校であり，かつ隣接する学校とは独立関係にあることから，それぞれ存置が妥当と考えられる．I-15も近接需要，規模需要がいずれも高く，同様に存置が考えられるであろう．一方，稲毛区南部の大きな小学校群では，11校のうち5ないしは6校を存置することになるが，補完関係が環状に連続していることから，存置する小学校を交互に選択することになる．すなわち，I-1, I-3, I-11, I-12, I-7の5校か，I-2, I-10, I-9, I-13, I-8, I-4の6校のいずれかである．I-5やI-6は，隣接する学校と独立関係にないため，周辺の小学校と合わせて配置計画を考える必要がある．

一方，若葉区には必須学校が多く，それらを除くと小学校は5つの群にまとめられる．このうち補完関係で構成される3つの小学校群については，W-4とW-8, W-12とW-14からそれぞれ1校，W-9, W-10, W-11, W-15から2校

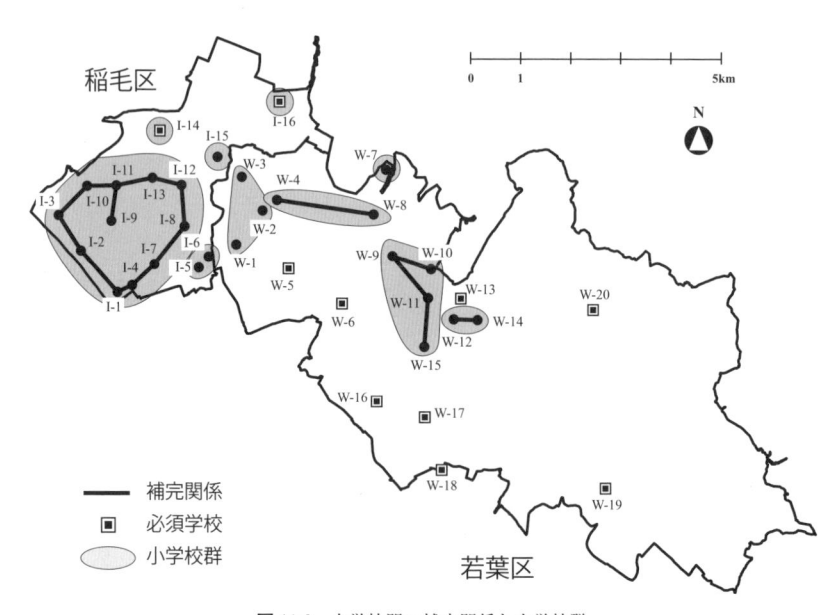

図11.6 小学校間の補完関係と小学校群

を存置する．W-7 は規模需要が高く，必須学校と同様に存置すべきであろう．W-1〜3 の小学校群については，W-1 の規模需要が比較的高く，W-2 および W-3 の規模需要が低いことから，W-1 と，W-2 か W-3 のどちらかを存置すれば十分であろう．

ところで，ここまでの議論では，近接要件と規模要件は必ず遵守すべき基準とみなしてきた．しかしながら実際には，現時点でもすでにこれらの基準が満たされていない地域が少なからず存在している．そこで最後に，これらの要件の緩和まで含めて，より柔軟な学校配置計画を考える．特にここでは，充足率が低いにもかかわらず存置せざるをえない小学校に焦点を当てる．

例えば若葉区の W-16〜W-20 の各小学校は，いずれも必須学校であるが，充足率が非常に低い．しかしながら，これらの小学校を含む地域で最大通学距離を 6 km 程度に延長できれば，小学校を 1 校あるいは 2 校に統合することができる．例えば，小学生の自転車通学を認めるか，スクールバスの導入を行うなどによって，この統合は実現可能である．

若葉区の W-1〜3 の小学校群では，W-1 の充足率が 1.0 であるのに対し，W-2 と W-3 の充足率はいずれも低く，どちらか 1 つに統合してもまだ充足率は低いままである．少子化が進行中の現在，将来はこれら 3 校を 1 校に統合できると予想されることから，ここでは W-1 にプレハブ校舎を建設し，W-2 と W-3 の生徒も合わせて収容するという方法が考えられる．建設費の安価なプレハブ校舎を利用することで，全体的な学校運営費用を削減できる．

現在，自治体境界を越えた通学は原則として認められていない．もしこれが認められれば，区界に位置する I-5，I-6，W-2，W-3 の各学校は 1 校あるいは 2 校に統合することができる．あるいは W-3 の場合，I-15 にプレハブ校舎を建設して統合することも可能である．学校が隣接立地している区界付近では，こうした越境通学を例外的に認める政策もまた有効であろう．

11.3　納得解での学校適正配置に向けて

本章では，学校適正配置のための計画立案を支援する新たな手法を提案した．最適配置計画を応用した複数案による学校配置現状分析と，小学校群に基づい

た配置計画という2点に特徴があり，柔軟な計画立案を可能としている．

手法のうち一部については，現在 Microsoft Excel（マイクロソフト社）上で数理計画ソフトウェア NUOPT（数理システム社）とともに実装されており，学校配置案は自動的に導出される．今後さらに GIS との一体的なシステム化を行えば，より使いやすい学校配置計画立案支援システムとなるであろう．紙面の都合上，詳細は省略せざるをえなかったが，興味のある方は Sadahiro and Sadahiro（2010）を参照されたい．

◆ **GIS（地理情報システム）**

GIS は Geographical Information System の頭文字をとったもので，地理情報システムとも呼ばれます．代表的な応用例としてはカーナビゲーションや Google Earth（グーグル社），携帯電話の道案内サービスなどがありますが，本来 GIS は地図などをコンピュータ上で扱うシステムで，その応用はもっと多様です．地図は地理学では必須の道具ですが，これがコンピュータ上のデータに置き換えられるわけですから，地理学もまた大きく姿を変える可能性を持っています．GIS を利用することで，従来不可能だった複雑な分析やシミュレーション，進行中の現象のリアルタイムな解析や対策（例えば，災害対策や渋滞解消など）も可能になるものと期待されます．

◆ **オペレーションズリサーチ**

オペレーションズリサーチ（OR：Operations Research）とは，様々な計画課題について，数理的手法を用いて最適な解決案を導き出す手法です．その名の示す通り，軍事戦略の立案から始まった研究分野ですが，その後，在庫管理や生産計画，配置計画など，広範な応用が行われるようになってきました．OR では様々な問題が扱われます．施設配置計画や最適経路計画などは，地理学や GIS でもしばしば取り上げられる課題です．OR で用いられる手法は，線形計画法や動的計画法などの数理計画法，あるい

はゲーム理論といった古典的なものから,データマイニング(大量のデータの中から,頻繁に現れるパターンや,ともに同時に現れるパターンなどを自動的に探索する分析手法)や数理モデルによるシミュレーションなど,コンピュータ上での大量の計算を前提とするものまで,多岐にわたっています.

[貞広幸雄・貞広斎子]

引用文献

岡部篤行・鈴木敦夫(1992):『〈シリーズ現代人の数理3〉最適配置の数理』,朝倉書店.

Sadahiro, Y. and Sadahiro, S. (2010): A decision support method for school relocation planning. *Discussion Paper Series, Department of Urban Engineering, University of Tokyo*, **104** (http://ua.t.u-tokyo.ac.jp/pub/due-dp/104.pdf 2010年9月13日閲覧).

Ⅲ　都市と環境

12 近代都市と伝染病の流行――明治28年の東京府におけるコレラの流行

　かつてはインド・ガンジス川流域の風土病であったコレラは，19世紀，インドの植民地化に伴うイギリス軍隊移動やイスラム教徒の聖地巡礼などによって国外へ伝播し，世界で6回大流行した．日本へも伝播し，特に幕末安政年間に大流行した．明治期になっても，明治20年代末まで流行を繰り返した．しかし，コッホ（Koch, R.）によるコレラ菌の発見（1883年＝明治16年）と欧米都市における衛生環境の改善（近代的上下水道の整備）によって，さしもの激烈なコレラの流行も鎮静化した．この結果，コレラは「19世紀の病」と過去形で語られるようになったのである．

12.1　明治期のコレラ流行研究に対する地理学からの貢献に向けて

　明治期のコレラの流行については，近年，歴史学者を始めとして，多くの人文・社会科学者による研究の進展がみられる．山本俊一による『日本コレラ史』(1982)の刊行以降，地域流行誌（渡辺，1999），コレラ騒動を通してみた民衆の心性（杉山，1988；奥，1991），衛生警察の実情（大日方，2000），防疫制度の確立（内海，1992a；b），コレラの流行を契機とするスラム・クリアランスの問題（安保，1989；小林，2001）などに多くの人文・社会学者の関心が集まり，コレラの流行をめぐる諸問題は近代（都市）史研究の中で一定の地位を獲得しつつある（成田，2003）．
　そうした研究動向に対し，関連資料を地図化し，計量分析することによってコレラの空間的拡散の様相を解き明かすことは，地理学からなしうる研究上の貢献である．地理学の分野では，疾病地理学において以前からコレラの流行が研究されてきた．特にその空間的拡散について，アフリカなど現代の開発途上国を事例とし，空間的分布パターンの抽出に利用される傾向面分析や空間的自

己相関測度などの地理空間分析手法を援用した研究が進められてきた（Kwofie, 1976；Adesina, 1984）．他方，近代期のコレラの流行については，アメリカの都市群システムの形成との関連でその空間的拡散過程を論じた Pyle（1969）の研究を嚆矢とし，フィリピン（Smallman-Raynor and Cliff, 1998a；b；2001）やロシア（Patterson, 1994；Patterson and Pyle, 1994）における空間的拡散，クリミア戦争イギリス従軍兵士の移動に伴う黒海沿岸地域での流行（Smallman-Raynor and Cliff, 2004）が研究されている．

わが国の地理学においては，寺院過去帳に記載された死亡者数を指標にして，主として江戸幕末期の日本各地におけるコレラの流行を考察した菊池（1973；1978；1985；1986；1995），野村（1994）の研究がある．しかし，明治期になってからのコレラの流行，特にその空間的拡散に関する研究はなされてこなかった．こうした研究上の空白を埋めるべく，本章では資料を『明治二十八年虎列刺病流行記事』（警視庁，1896．以下，『流行記事』と略記）に求め，明治28（1895）年の東京府（当時は東京市15区と9郡からなっていた）におけるコレラの流行を，その空間的拡散過程に焦点を当てて考察することにしたい．具体的には，杉浦（1977）の分析の枠組みに従い，「郡区」×「日」のコレラ罹患率データ行列に対して因子分析を適用し，類似の患者発生パターンを示す地区を主要因子として抽出し，その後で因子間のクロス相関係数から伝播経路を検討する．

12.2 流行の概略

明治期になってから，全国で死者が1万人を超えるコレラの大流行は5回（明治12, 15, 19, 23, 28年）起こっている．明治28年の流行の場合には，日清戦争からの帰還者（現地で感染）が関係していた．全国で最初の患者は，大連から広島・宇品港へ帰港した解雇軍役夫であり，2月18日に広島近郊の己斐村で報告されている（山本，1982）．以後，12月末まで患者は全国で発生し，最終的に死者40,154人，患者55,144人に達した．東京府では，神田区表神保町の旅人宿に宿泊した，広島より帰京の陸軍工兵少尉が最初の患者（5月24日発生）であり，患者発生は12月28日まで続いた．患者数からみた流行のピークは9

月初旬と 10 月中旬にあり，5 月 24 日〜12 月 28 日の流行期間を通して死者は 2,597 人，患者は 3,424 人であった（警視庁，1896）．

より詳細に，図 12.1 に示す日別のコレラ患者発生数をみてみよう．6 月中旬頃までは患者の発生は多くなく散発的であるが，生水や氷を口にする機会が多くなる夏季 7 月になって患者が増え始め，9 月 3 日に患者発生の 1 つのピークを迎える．明治 28 年の 7 月には 30℃を超える日はなかったが，8 月中旬に連続 6 日間（13〜18 日），8 月下旬に連続 5 日間（25〜29 日），9 月上旬に連続 4 日間（2〜5 日），それぞれ 30℃をわずかに超える日が続いた（警視庁，1896）．現代の東京の夏の気温を考えると隔世の感がするが，それでもこの年の夏には東京で氷店が増加したと報じられている（大濱・吉原，1993）．9 月中旬以降，いったん終息に向かいかけるが，特に秋祭りなどで多数の人が集まり，感染者との接触機会が多くなると思われる 10 月になって流行がぶり返し，10 月 11 日には患者発生の最大のピークに達している．10 月下旬にも比較的多くの患者が発生した後は，冬季になることもあって流行は終焉に向かった．

累計の患者数を郡区単位でみてみると，東京市の市街地中心部から東部にかけて患者が多いことがわかる．神田，深川，日本橋ではいずれも患者数が 300 人を超えている（図 12.2）．郡区別にみた罹患率（人口 100 万当たり患者数）と初発日（最初の患者報告があった日付）は必ずしも相関していないが，多摩地

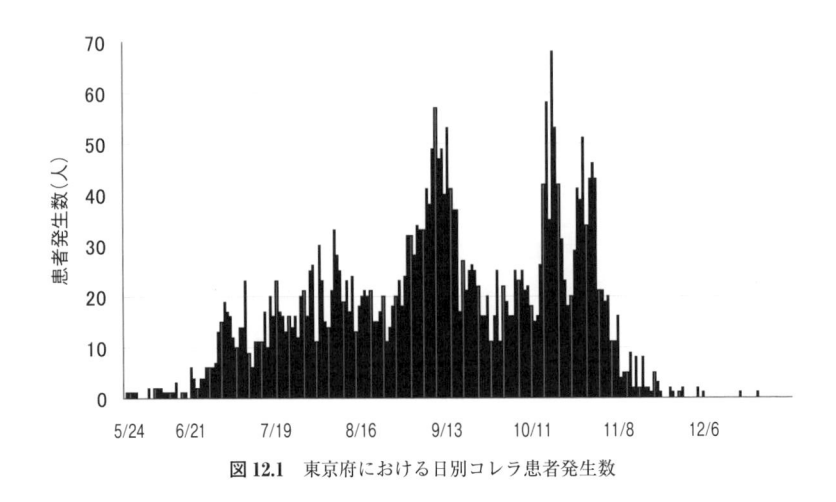

図 12.1 東京府における日別コレラ患者発生数

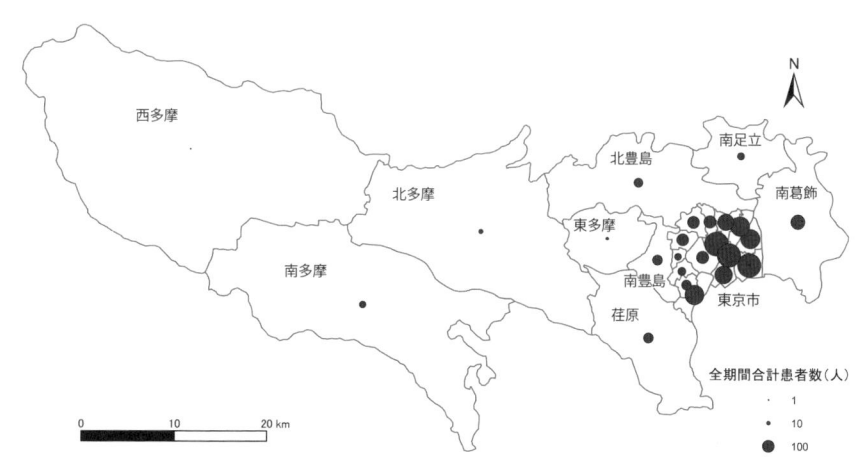

図 12.2 東京府における流行期間合計コレラ患者数の分布

表 12.1 初発日・罹患率と関連変数との間の相関係数 (r)

	初発日	罹患率 (100万当たり)
新橋駅からの距離	0.634**	−0.593**
人口 (1895年)	—	0.431*
人口 (対数変換)	−0.457*	—
人口密度 (対数変換)	−0.636**	0.698**
人口増加率 (1895年/1894年)	−0.289	0.211
鉄道乗降客数 (1万当たり)	−0.187	−0.076
船舶数 (1万当たり)	−0.165	0.160
幹線道路数 ($10\,km^2$ 当たり)	−0.273	0.278
国費による救済人数 (1万当たり)	−0.284	0.402
「家屋に対する衛生法」実施戸数率	−0.004	0.616**
地形 (台地・丘陵=1, 低地=0)	0.171	−0.575**

*：5%水準で有意.
**：1%水準で有意.

方の諸郡では患者発生も遅く，罹患率も非常に小さい．そこで，郡区別の初発日ならびに罹患率を，表12.1に示す10個の関連変数とそれぞれ相関分析してみた．いずれも「人口密度」，「新橋駅からの距離」（その当時，東京駅はまだ開業しておらず，東海道線の起点は新橋駅であった）と比較的強い相関が得られた．この結果は，人口密度が高く，東京市街地中心部に近い郡区ほど早く患者が発生し，かつ罹患率も高いことを示している．罹患率については，低地ほど

罹患率が高いといった地形との相関もみられた．したがって，人口密度の高い東京市街地中心部から距離減衰的に郊外に向かって流行が拡がっていく一方，人口密度の高い中心部・下町で流行が激しかったことがうかがわれる．この空間的拡散パターンは，東京市に限れば，日本橋区から，隅田川以東の下町を除く東京市街地と近郊へ距離減衰的に流行が拡がっていった明治12（1879）年の場合と，日本橋区から下町方面への伝播・流行が卓越した明治19（1886）年の場合（菊池，1986）を，あたかもミックスしたかのようである．

明治20年代末になっても，コレラ患者が収容される避病院（伝染病患者を強制隔離して伝染を防ぐための病院で，東京市周縁の本所，広尾，駒込に設けられていた）に対する偏見は依然としてあったが，患者発生が届けられると患者はすぐに避病院に搬送されて隔離され，患者が発生した家の周辺は直ちに交通遮断されるため，広域にわたってコレラが大流行することはなくなった（弟子の小栗風葉が疑似コレラ［実際は食中り］に罹り，一晩中，師の尾崎紅葉が自ら苦悩する有り様を言文一致体で活写した『青葡萄』には，避病院への搬出と交通遮断の様子が描かれている）．しかしそれでも，人口密度が高かった東京市街地中心部・下町では多くの患者が発生したのである．ただし，衛生対策を実施している家が多い郡区ほどむしろ罹患率が高い結果になっていること（$r = 0.616$）は，当時の衛生対策が十分なものでなかったことを示唆しているようにも思われる．

職業別に患者数をみると無職が圧倒的に多いことがわかる（表12.2）．他の職業と違い，女性が無職の患者の約70%を占めることは，女性のほうが炊事・洗

表12.2 職業別患者数（50名以上のみ）

	男性	女性	合計
無職	343	899	1,242
労働者	528	97	625
職工	352	43	395
雑業	230	92	322
農業	112	60	172
商業	84	21	105
食物商	76	22	98
官公吏	90	0	90

警視庁（1896）より．

濯で何かとコレラ菌に感染した水や食物，衣服に接する機会が多く，結果的にコレラに感染する可能性が高かったことを示しているのかもしれない．患者数ではとうてい無職には及ばないものの，100名近い数の食物商が罹患していることは，無職の女性（主婦）と同様に，汚染源・感染源との接触機会が多い人ほどコレラに感染しやすいことを明確に示している．無職以外では，労働者，職工，雑業が多く，文字通りの（男性）無職の人ともあわせ，社会の底辺に生きる人たちが多く罹患していたように思われる．ちなみに，貧しい人たちが集住する当時の都市スラムは下町方面（下谷，浅草，本所，深川区）に多く散在するものの，山の手方面（四谷，麻布区）の谷底低地にも存在した（遠藤，1986）．これら都市スラムは，いずれも低湿な地にあり，居住環境が劣悪なことが共通しており，当時においてはコレラ流行の温床になるとみなされていた．

12.3 流行地区の因子分析

12.3.1 流行地区の区分

郡区別に日別コレラ患者発生数の分布を示したのが図12.3，12.4である（棒グラフの患者数の単位に注意されたい）．郡区ごとに時系列の患者発生パターンは様々である．神田のように東京府全体のパターンに類似した区もあれば，深川のように同規模の2つの患者ピークを持つ区，あるいは芝のように早い時期に患者ピークを迎える区，そして四谷のように顕著な患者ピークを持たない区もある．

そこで，類似した流行パターンを呈する地区を識別するために，24郡区×219日のコレラ罹患率データ行列に主成分型因子分析を適用し，流行地区の抽出を行った．全分散の62%を説明する固有値1.0以上の8主成分に対し，直交バリマックス回転を施し，得られた因子負荷量の値（0.5以上に着目）に基づき，類似の流行パターンを有する流行地区を特定した（表12.3）．各因子を構成する郡区は次のとおりである．第1因子＝神田，日本橋，浅草，本郷，第2因子＝麻布，芝，深川，第3因子＝小石川，南葛飾，第4因子＝荏原，東多摩，第5因子＝南多摩，南足立，第6因子＝四谷，赤坂，第7因子＝北多摩，第8因子＝西多摩．

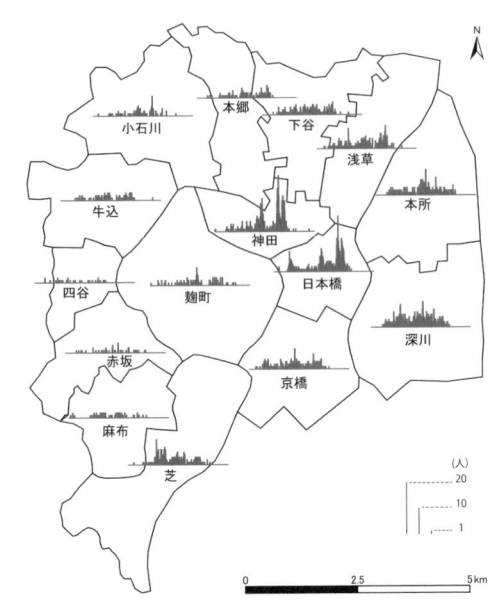

130   12. 近代都市と伝染病の流行——明治28年の東京府におけるコレラの流行

図 12.3　東京市における日別コレラ患者発生数の分布

図 12.4　東京府における日別コレラ患者発生数の分布

　郡区数に比して多くの因子が抽出されたことは，流行は「散発」していたという前記の『流行記事』(警視庁，1896) の記述を裏付ける結果となっている．第 1，4，6 因子ならびに第 2 因子の一部では，因子を構成する郡区がほぼ隣接

12.3 流行地区の因子分析

表 12.3 因子負荷量行列（0.5以上のみ表示）

	1	2	3	4	5	6	7	8
神田	0.882							
麹町								
麻布		0.717						
日本橋	0.895							
小石川			0.753					
芝		0.720						
京橋								
浅草	0.663							
四谷						0.814		
本郷	0.505							
下谷								
赤坂						0.538		
本所								
深川			0.644					
牛込								
北豊島								
南豊島								
北多摩							0.795	
荏原				0.734				
南葛飾			0.596					
南多摩					0.715			
南足立					0.740			
東多摩				0.554				
西多摩								0.868
固有値	5.884	1.785	1.520	1.363	1.202	1.097	1.063	1.040
累積分散説明率	24.516	31.954	38.287	43.964	48.973	53.543	57.973	62.307

している．このことは流行が近隣郡区間を拡がっていったことを指し示しているのかもしれない．それに対し，第2, 3, 5因子において東西に離れた郡区が1つの因子を構成していることは，東京の市街地中心部から東・西の郊外へ向かって流行が拡がっていった可能性があることを示唆しているように思われる．

また，同じ上水沿いの区が同一の流行地区に区分されていること（①井の頭池・善福寺池・妙正寺池の湧水を主たる水源とする神田上水沿いの神田，日本橋［第1因子］，②玉川上水沿いの麻布・芝［第2因子］，③玉川上水沿いの四谷，赤坂［第6因子］）は，飲み水の汚染が流行の伝播に関係していたかもしれ

ないことをうかがわせる．ちなみに，神田，日本橋での患者発生と神田上水との関係については『流行記事』（警視庁，1896）で指摘されている．明治初期の頃は江戸時代と同様に，浄水処理されていない河川水が，地表面近くに埋め込まれた石樋・木樋によって市内の上水井戸に配水されていた．腐朽していた木樋を鉄管に置き換え，原水を沈殿・ろ過する近代水道の供給は，明治31（1898）年の淀橋浄水場（南豊島郡［明治28年当時の郡名］淀橋町）の完成を待たねばならなかった．折しも明治28年当時は鉄管への置き換えが始まりつつあったが，同年10月に欠陥鉄管の納入が発覚したため工事は遅れ，東京市では安全な飲料水の供給は未だ確立していなかったのである（東京都水道局，2012）．上水道整備がこの有り様ゆえ，当然，下水道整備は明治28年時点では手つかずの状態であった．

12.3.2 伝播経路の推定

最後に，因子間のクロス相関から流行の伝播経路を推定してみた．各因子ごとに，他因子に対し，前後に最大15日までずらした因子得点のクロス相関係数を求め（前後各1日のタイムラグを例にしたクロス相関の考え方については図12.5を参照），その最大値によって，流行地区の先行・遅行関係を特定した．それを示した図12.6は，例えば次のようなことを表している．第1因子地区（神田，日本橋，浅草，本郷）から第3因子地区（小石川，南葛飾）に向かって矢印が伸びていることは，第1因子地区の流行が第3地区の流行に10日先行していたことを示している（タイムラグが10日のときに，第1因子と第3因子との

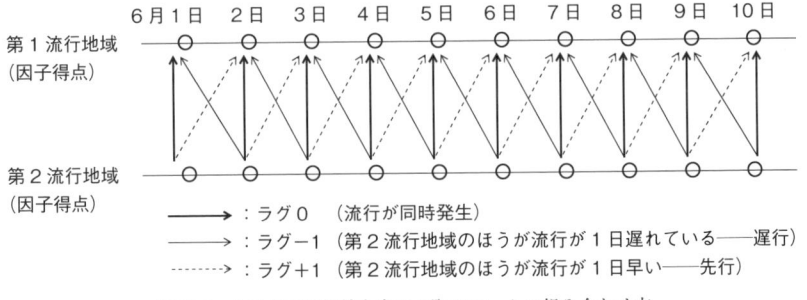

図12.5 クロス相関係数を求める際のデータの組み合わせ方

12.3 流行地区の因子分析

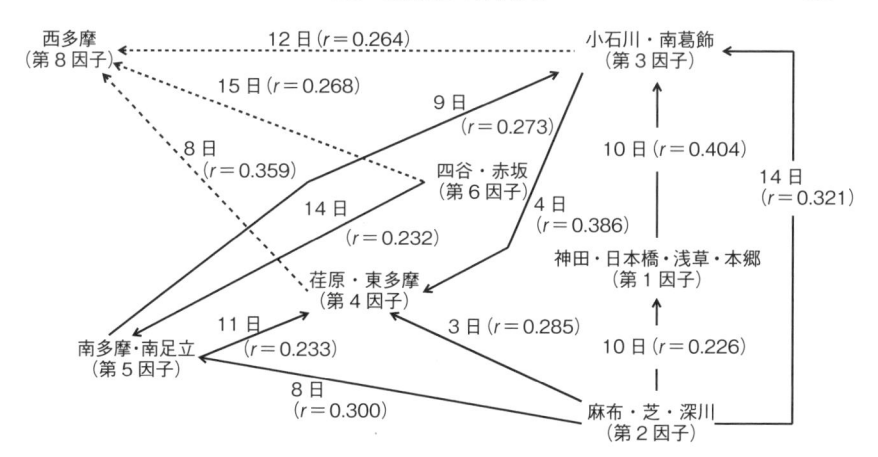

```
西多摩              12日(r=0.264)           小石川・南葛飾
(第8因子)  ←------------------------------→  (第3因子)
    ↑    15日(r=0.268)                          ↑
    ↑          ↘                                |
    |    9日(r=0.273)  ↗                        |
    | 8日                                       |
    | (r=0.359)    四谷・赤坂                   |
    |              (第6因子)   10日(r=0.404)    | 14日
    |                ↑                          | (r=0.321)
    |         14日   |         4日              |
    |       (r=0.232)|       (r=0.386)          |
    |                |     神田・日本橋・浅草・本郷 |
    |         荏原・東多摩                       |
    |         (第4因子)                          |
    |    11日  ↗         ↖ 3日(r=0.285)        |
南多摩・南足立 (r=0.233)        10日(r=0.226)    |
 (第5因子)  ←                 ←                |
              8日                              麻布・芝・深川
            (r=0.300)                           (第2因子)
```

図12.6 有意 (5%水準) な因子得点間の最大クロス相関係数に基づく流行の主要な伝播経路

間のクロス相関係数は 0.404 で最大).つまりこの場合,第1因子地区から第3因子地区へ10日後にコレラの流行が伝播した可能性があるとみなすのである.

その結果,東京市の北部・西部の区と多摩地方の郡との間でみられる錯綜した伝播経路や,患者が1人のみであった西多摩へ向かうあまり信頼できない伝播経路がみられるものの,麻布,芝,深川の湾岸の区からその周辺3方向に向かう,次のような伝播経路を確認することができた.①麻布,芝,深川から神田,日本橋の中心市街地を経由して,浅草,本郷,小石川の周辺区に至る伝播経路,②深川から南葛飾,南足立の東(北)郊に至る伝播経路,③麻布,芝から荏原,東多摩の西郊に至る伝播経路.

特に①の伝播経路の中には,新橋を起点にして銀座,日本橋,上野の中心市街地を通過して浅草に至り,さらに蔵前を経由して日本橋に戻ってくる東京馬車鉄道の沿道地区を含んでいる.明治28年当時,年間1,500万人の乗客が東京馬車鉄道を利用しており(東京都,1989),大量の人の流れが流行の伝播を引き起こしたかもしれない.有意とはいえクロス相関係数の値は小さいので割り引いて考える必要があるものの,以上の東京市街地とその周辺にみられる空間的に有意味な伝播経路の存在は,コレラの流行が,前記の『流行記事』(警視庁,1896) 中の記述「進路一系に認め難き」から予想されるように無秩序に拡がっていったのではないことを指し示している.

12.4　計量分析から得られた知見

　明治28年の東京府でのコレラの流行は，初発日の相関分析により，東京市街中心部から周辺に向けて距離減衰的に拡がっていったことが判明した．それは，人口の高密度地域から低密度地域への伝播でもあり，低地部から台地部への伝播でもあった．そして，類似の流行パターン地区を識別する日別コレラ罹患率の因子分析・クロス相関分析により，東京市とその近郊では流行が湾岸区から北進，東（北）進，西進した可能性があることがわかった．また，当時の都市のインフラストラクチャともいえる鉄道馬車ならびに前近代的な上水道が，流行の伝播に影響を及ぼしていたかもしれないことが示唆された．こうした計量分析とは別に，職業別患者数からは，社会の底辺に生きる人々や，家事を通して感染の機会が多い女性が多数罹患していることがわかった．以上，本章で行った近代都市の衛生環境を計量地理学的に分析する試みは，GISの活用とあわせ，近代都市史研究の新たな地平を切り拓く可能性を秘めているといえるのではないだろうか．

◆ **計量地理学**

　計量地理学は，自然，人文にかかわらず，地理的現象を数理科学的方法を用いて研究する分野であり，1950年代中葉から1960年代にかけて欧米で急速に発展しました．時期的には大学で大型コンピュータの使用が可能になった頃であり，それ以前には扱えなかった大量データを大型コンピュータを使って統計解析するのが，初期の計量地理学の大きな特徴でした．因果関係の類推の手がかりを得る目的で利用される（重）回帰分析，対象を分類するのに使用されるクラスター分析，データの要約ないしは構造抽出に利用される主成分分析や因子分析といった多変量解析が頻用される統計学的方法であり，これらの方法は現在では様々なコンピュータ統計解析パッケージに用意されています．とりわけ計量地理学は，個別的説明ではなく一般的説明を重視し，地理的現象に関する法則や理論の構築を目

指します．法則や理論のエッセンスを数理モデル化すれば，地理的現象の説明だけでなく，予測もできます．近年では，GISと計量地理学が融合することにより，より高度な地理空間分析が可能になってきています．

◆ 因子分析

　因子分析は多変量解析法の1つで，多くの変数からなる複雑なデータ（第12章では，毎日の郡区別罹患率）の構造を，その背後に潜む少数の基本的な因子（第12章では，類似した患者発生傾向を示す「流行地区」に相当）に分解して示す方法です．もともとは知能を形成する要因を探り出すことなどを目的に心理学で開発された方法で，現在では人文・社会科学の分野で多く利用されています．地理学では1960年代に，地域区分，都市の機能分類，気候因子の研究などで最初に利用されるようになりました．因子分析は，数学的には，変数（第12章では郡区罹患率）を，①各変数と各因子（第12章では流行地区）との相関関係を表す因子負荷量（$|L| \leq 1.0$）と，②観察単位（第12章では「日」）が各因子の特徴を有している程度を表す因子得点に分解する方法です．各因子が意味する内容の解釈（因子の命名）は，因子負荷量の値（例えば$|r| \geq 0.5$）を基準にして行います．

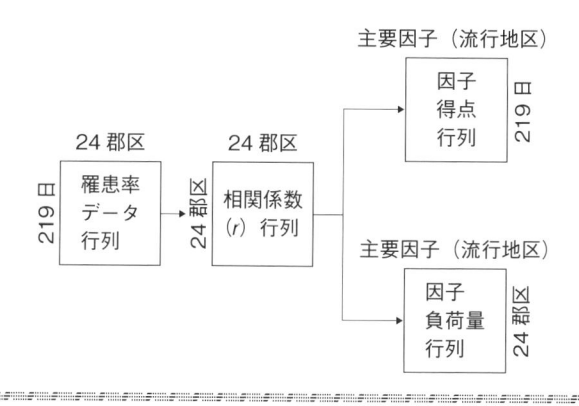

[杉 浦 芳 夫]

引用文献

安保則夫（1989）:『ミナト神戸　コレラ・ペスト・スラム　社会的差別形成史の研究』，学芸出版社．

内海　孝（1992a）:伝染病と国家・外国人・不潔の構図（上）——1877年のコレラ病流行を中心に．歴史学研究，**639**:44-51．

内海　孝（1992b）:伝染病と国家・外国人・不潔の構図（下）——1877年のコレラ病流行を中心に．歴史学研究，**640**:10-29．

遠藤興一（1986）:都市階層社会の形成・展開と救済事業（二）——東京における慈善事業の史的考察．社会学・社会福祉学研究，71・72（明治学院論叢，394・395）:65-112．

大濱徹也・吉原健一郎（1993）:『江戸東京年表』，小学館．

奥　武則（1991）:近代日本における疾病と民衆．社会科学討究，**108**:469-492．

大日方純夫（2000）:『近代日本の警察と地域社会』，筑摩書房．

菊池万雄（1973）:寺院過去帳よりみた人口現象——近世末以降の江戸下町を中心に．日本大学文理学部自然科学研究所研究紀要（地理），**8**:41-57．

菊池万雄（1978）:江戸時代におけるコレラ病の流行——寺院過去帳による実証．人文地理，**30**:447-461．

菊池万雄（1985）:庄内における江戸時代のコレラ病流行．地理誌叢，**27**:1-6．

菊池万雄（1986）:『日本の歴史災害——明治編』，古今書院．

菊池万雄（1995）:文政5年コレラ流行東進への疑問．地理誌叢，**37**:34-39．

警視庁（1896）:『明治二十八年虎列剌病流行記事』，警視庁第三部第一課．

小林丈広（2001）:『近代日本と公衆衛生——都市社会史の試み』，雄山閣．

杉浦芳夫（1977）:わが国における"スペインかぜ"の空間的拡散に関する一考察．地理学評論，**50**:201-215．

杉山　弘（1988）:覚書・文明開化期の疫病（はやりやまい）と民衆意識——明治10年代のコレラ祭とコレラ騒動．自由民権:町田市立自由民権資料館紀要，**2**:19-50．

東京都（1989）:『都史紀要三十三　東京馬車鉄道』，東京都．

東京都水道局（2012）:東京水道の歴史（http://www.waterworks.metro.tokyo.jp/water/pp/rekisi/s_history.html 2012年1月18日閲覧）．

成田龍一（2003）:『近代都市空間の文化経験』，岩波書店．

野村裕江（1994）:江戸時代後期における京・江戸間のコレラ病の伝播．地理学報告，**79**:1-20．

山本俊一（1982）:『日本コレラ史』，東京大学出版会．

渡辺則雄（1999）:『愛知県の疫病史——コレラ・天然痘・赤痢・ペスト』，現代企画室．

Adesina, H.O. (1984): Identification of the cholera diffusion process in Ibadan, 1971. Social Science and Medicine, **18**: 429-440.

Kwofie, K.M. (1976): A spatio-temporal analysis of cholera diffusion in western Africa.

Economic Geography, **52**: 127-135.

Patterson, K.D. (1994): Cholera diffusion in Russia, 1823-1923. *Social Science and Medicine*, **38**: 1171-1191.

Patterson, K.D. and Pyle, G.F. (1994): A district-level analysis of cholera diffusion in European Russia in 1848. *Revue Belge de Géographie*, **118**: 93-108.

Pyle, G.F. (1969): The diffusion of cholera in the United States in the nineteenth century. *Geographical Analysis*, **1**: 59-75.

Smallman-Raynor, M. and Cliff, A.D. (1998a): The Philippines insurrection and the 1902-4 cholera epidemic: Part I —— Epidemiological diffusion processes in war. *Journal of Historical Geography*, **24**: 69-89.

Smallman-Raynor, M. and Cliff, A.D. (1998b): The Philippines insurrection and the 1902-4 cholera epidemic: Part II —— Diffusion patterns in war and peace. *Journal of Historical Geography*, **24**: 188-210.

Smallman-Raynor, M. and Cliff, A.D. (2001): Epidemiological spaces: the use of multidimensional scaling to identify cholera diffusion processes in wake of the Philippines insurrection, 1899-1902. *Transactions of the Institute of British Geographers* NS, **26**: 288-305.

Smallman-Raynor, M. and Cliff, A.D. (2004): The geographical spread of cholera in the Crimean War: Epidemic transmission in the camp systems of the British Army of the East, 1854-55. *Journal of Historical Geography*, **30**: 32-69.

Ⅲ　都市と環境

13　歴史的環境の保存

13.1　身近な例から

　京都・清水寺に続く産寧坂（さんねいざか），萩や津和野の武家屋敷，神戸・山本町の異人館街，合掌造りの民家で有名な岐阜県の白川郷——いずれも多くの観光客が訪れる地区である．地域がたどってきた歴史や特徴は異なるが，これらには共通点がある．いずれの地区も，同じ制度の下で文化財として選定されているのである．伝統的建造物群保存地区という種類の文化財で，これは，1975 年の文化財保護法改正によって，国宝や重要文化財などと並ぶ日本の文化財の 1 つとして誕生している．

　歴史的な遺産という点では，制度上，遺跡や建造物，歴史的文書や美術工芸品と同じように考えられるかもしれない．しかしながら，これら歴史的町並みには，大きく異なる点がある．それは，現代を生きる人々の暮らしの空間でもあるということである．

　本章で考えるのは，このように人々の暮らしを伴う歴史的環境についてである．歴史的環境に対して，地理学的視角からどのようなアプローチが可能だろうか．沖縄県八重山郡竹富町竹富島の例をふまえて，多様な視角から歴史的環境の保存について考察する可能性を探ってみよう．

13.2　竹富島がたどってきた道

　石垣島離島桟橋から高速船に乗ると 10 分で竹富島に到着する．島はしばしば美しい言葉で形容される．例えば，竹富町観光協会のウェブサイト・ぱいぬ島ストーリーでは，「白砂の道，赤瓦の屋根，石垣とブーゲンビレア，そして青と白のコントラストが美しい遠浅の海．沖縄の古き良き町並みを残す」島と記されている．このような美しいたたずまいを求めて，人口 318（2011 年 1 月）の

島に，年間 36 万（2010 年）を超える観光客が訪れている．ここではまず，現在に至る歴史的環境の保存のプロセスを振り返っておこう（福田，1996）．

歴史的環境の保存は，町並み保存から始まったわけではない．それに先だって，島の伝統文化の掘起しに尽力した人物がいたのである．島に生まれ，仏道の修行をする傍ら島の養蚕事業に尽力し，保健衛生業務においても活躍した，上勢頭 亨（うえせど とおる）（1910〜1984）がその 1 人である．上勢頭は仕事の傍ら，民具，古銭，染織品などを収集するとともに，島の歴史や文化の掘起しに努めた．特に島の方言をはじめ，民話，古謡，舞踊などを数多く伝承しており，島の語り部でもある上勢頭のもとを訪れた研究者は数限りない．長年にわたる収集品は，1960 年に開館した喜宝院蒐集館において収蔵展示されている．

上勢頭と蒐集館の存在が広く知られるようになったのは，1950 年代後半から 1960 年代前半にかけて来訪した日本民藝協会によるところが大きい．この頃，島では農耕を中心とする生業は次第に放棄され，離島する人が急激に増加していた．多くの耕地が放棄され，また，染織の技術も顧みられなくなっていた．そのような状況にあった島が民芸の世界で注目を浴びるようになり，竹富島は伝統的染織品を生み出す「民芸の島」として，また，畑作儀礼でもある種子取祭（たなどぅい）をはじめ多くの民俗芸能を伝承する「芸能の島」として全国に紹介されるようになったのである．

しかしながら，この時点で注目されていたのは芸能や民芸であり，歴史的環境はその背景にすぎない．1972 年の本土復帰に伴い，リゾート開発のために外部資本に土地を買い占められるという事態に対抗する運動を通して，歴史的町並みに光が当たるようになったのである．島の生活基盤である土地が失われるという危機に対して，島では「竹富島を生かす会」が結成され，島外では，民芸家を中心とした「古竹富島保存会」や，同郷団体である郷友会を基盤とした「竹富島を守る会」が，島を守る運動を展開した．この運動を機に，島の内外が協力して島の伝統文化を守っていこうという機運が生まれ，中心に据えられたのが町並みや民家であった．

さらに，1975 年の文化財保護法改正に伴い，歴史的町並みが文化財保護の枠組みに入ったことは，運動の性質に変化をもたらす．島民と島に魅せられた人の運動に，文化財保護の主体となる竹富町も深く関与していくこととなったの

である．また運動の重点も，従来の島の土地と生活を外部者から守るというものから，町並みの保存に移ってきた．1987年4月にはついに，重要伝統的建造物群保存地区に選定されるに至った．

一方，生活の基盤である島を守る機構も急速に整備されていく．島の自治組織である公民館議会において，伝統文化の保存を基本理念に掲げた竹富島憲章が承認されると同時に，町役場から独立した竹富島集落景観保存調整委員会が設置され，集落保存に関する実務的なことを担うようになった．島民が主体となって島の景観保存を行っていく仕組みが整えられたのである．

重要伝統的建造物群保存地区選定から20余年，竹富島は歴史的環境を核に様々なプロジェクトを立ち上げ，島の生活空間の保全に努めてきた．それは，文化財として保存するのではなく，景観保存や観光化とともに歩む島の生活空間の保全にほかならない．

13.3 複眼的な考察の可能性

13.3.1 見えるものからわかること──景観への注目

島の中を歩くと，私たちは島独特の環境や町並み保存のプロセスについて，視覚を通して気付くことができる．ここでは，見えるものを手掛かりに島の歴史的環境について考えてみよう．

図13.1は，集落の様子を俯瞰する写真である．赤い瓦屋根の伝統的な家屋，主屋と付属建物が並び，門の内側には目隠しとなるヒンプンが設けられ，周囲に石積みの壁をめぐらせた屋敷地，防風の役目を果たすフクギや染織材料に利用されるバショウの緑，白砂を敷き詰めた道路を見出すことができるはずだ．さらに，遠くに眼を転じると，集落の周囲には樹林が広がっており，海岸，リーフへと続く．建造物というレベルから，屋敷地や集落，島全体といった様々なレベルで，人々がこの島に刻み込んできた生活の痕跡を見出すことができる．言い換えると，地表面に刻印されたものを注視することで，島の環境やそのなかで展開されてきた生活の有り様を見ることができるのである．

このような考え方は，アメリカの文化地理学者カール・サウアー（Sauer, C., 1889-1975）による文化景観概念の系譜に連なる．文化景観とは人間と自然環境

図 13.1 竹富島

との産物であり，図13.2のようなメカニズムで形成される．すなわち，特定の集団によって共有された生活様式の総称である「文化」を介して，人間は自然景観に働きかけ，地表面に様々な形態を刻印する．それが，文化景観だというのである．竹富島の景観も，島という環境の中で生きてきた人々によって刻み込まれた結果なのである．

　一方，島内で見えないものも，島の生活を考えるときに重要な意味を持っている．島の地形図を開いてみると，この島に水田がないことに気付くはずである．ところが農業集落カードを見ると，1971年には6戸が水田を所有していたことがわかる．このことは，当時，島内に水田があったことを示すのではない．舟で他の島まで出かけて，そこでコメを栽培していたのである（浮田，1974）．

　さらに景観は，長い時間をかけて育まれてきた人々と環境の関係だけでなく，ここ数十年の間に進展した歴史的町並み保存のプロセスをも物語る．筆者は1990年代半ば，竹富島を訪れるたびに，「美しく」，まさに「歴史的町並み」といえるような形に変化していく様に驚かされ，家屋の屋根に注目して記録を試みた．「伝統的」と目される赤瓦の家屋はどのように増加していったのだろうか．図13.3は，「伝統的」な建造物でないにもかかわらず，赤瓦を用いた様式を採用した建造物（1994年の時点）を示す．「伝統的」な様式を模した建造物が集落のあちこちに建設され，一体として歴史的環境を形成しているのである．歴史的環境にふさわしい形で，修景がなされているのである．

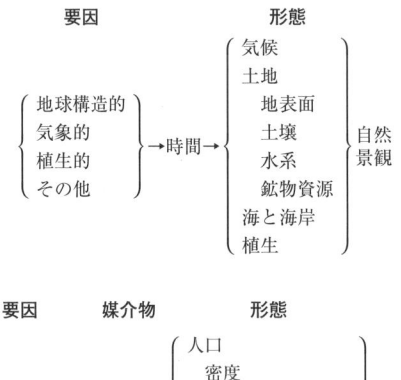

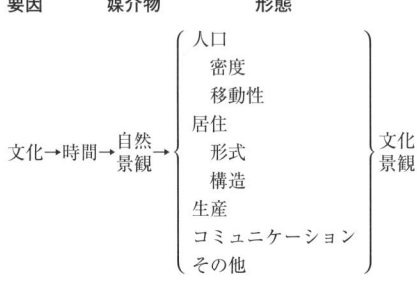

図13.2 サウアーによる景観形成モデル（中川ほか，2006）

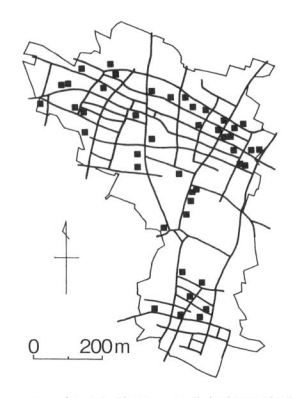

図13.3 赤瓦を使用した非伝統的建造物　竹富町教育委員会（1987）および現地調査による（福田，1996）．

13.3.2 伝統とは何か

　見えるものに注目したこのような作業を通して，筆者は別の大きな問題に直面した．現地調査や空中写真の読解から，「古き良き」赤瓦屋根がつづく家並みは実際には存在しなかったのではないかということに気付かされたのである．1972年の空中写真を見ると，瓦屋根とならんで，草屋根の家屋も相当数見出すことができたのである．それ以前の調査報告を見ても，そのことは確認できた．琉球大学民俗研究クラブ（1988）の調査によると，1964年の段階でも，主屋の約4割は草屋根であったという．

　それでは，赤瓦屋根の家並みというのは，過去に存在しない「偽り」の姿としかいえないのだろうか．この問題を考えるときには，ボブズボウム・レンジャー（1992）の「創られた伝統」という概念が有効であろう．「集団，つまり本当ないし人工的共同体の社会的結合ないし帰属意識を確立するか，象徴するもの」として伝統が創り出されたというのである．誤解してはいけないのは，「創られた伝統」というとき，もはや出来事や事物が「偽物」か「本物」かとい

うことだけを問題にしているのではないということである．国民国家の確立の中で，あるいは地域への帰属意識を会得していくなかで，あるいは観光など外部者との関係の中で，ある文化的要素や過去の出来事が選択され，伝統が新たに創り出されてきたのである．例えば，キルトとバグパイプというとスコットランドと直結したイメージであるが，そのような「伝統」はいかにして生まれてきたのだろうか（トレヴァー＝ローパー，1992）．インドネシア・バリ島のダンスや音楽，絵画はいつ，どのような経緯で「バリ的なるもの」の代表となったのだろうか（永渕，1998）．あるいは，日本各地に「伝承」され地域文化の代表格として演じられる太鼓の演奏は，どのような文脈の中で現在のような位置を占めるようになったのか（八木，1994）．各々の社会的文脈を探求する必要があるということはいうまでもない．

竹富島の場合，人頭税廃止後の1905年に建築されるようになった赤瓦屋根の民家が，歴史的環境の保存の中で選択され強調されるようになったということができよう．確かに1970年代，島を守る運動の中で歴史的町並みに光が当たるようになったとき，すでに草葺きの民家を核に歴史的環境を整備していくことは不可能だったに違いない．しかしながら島の歴史を振り返ると，赤瓦屋根の民家は旧慣からの解放であり，近代における富の象徴であったことは想像に難くない．牧野（1999）は，1981年に重要伝統的建造物群保存地区に選定された福島県の大内宿に言及し，保存活動が始まった当初，草葺き屋根が貧しさと結び付けられたために生じた地域の葛藤を論じている．伝統的なるものとして選択される際には，それがどのようなイメージと結び付いているのかが問題となるのである．

伝統とは過去にあった1つの事実ということではない．現代の視点から過去を問い直し再構成したものなのである．

13.3.3 観光と商品化

先の項で触れたように，観光という社会現象は，伝統の創造と深い関係を有するものである．ここでは，観光を介して消費される歴史的環境，あるいは伝統的なる要素に注目してみよう．

観光の対象に対するツーリストの経験を考えるとき，「疑似イベント」型と

「オーセンティシティ探求」型に分けることができる．前者は，ブーアスティン(1983)の説による．彼は1950年代の消費社会を生きるアメリカ人に言及して，「リアリティ」の直接体験ができず，メディアの中で形成されたイメージのほうが「リアリティ」を持っている，すなわち「疑似イベント」のなかで生きていると断じている．なかでも観光は最たる例であり，行った先の環境からも土地の人間からも孤立し，本物ではない作り物のアトラクションをうれしがり，だまされながらも「疑似イベント」を楽しんでおり，外の世界は見て見ぬふりであるという．このような状況は，何も当時のアメリカ人特有のものではなかろう．様々なメディアであらかじめ形成されたイメージを追体験し仕掛けを楽しむような観光の経験は，現代のわれわれにも無縁ではない．

一方，「オーセンティシティ探求」型という考え方は，マッカネル(2001)の観光の経験に関する研究に基づく．近代化のなかで失われてしまったオーセンティシティ，すなわち真正性や本物性を他所の土地に見出し，それらを切望するというツーリストの有り様を指す．伝統的なるものや歴史的なるものは，そのようなツーリストのまなざしの対象となる．

竹富島の歴史的環境も，同様のまなざしにさらされている．昔から変わらない風景として享受される赤瓦屋根の家並が，この土地に「自然に備わったもの」として観光客に消費されているのである．ここで消費されるのは，多様性を持った複雑な歴史や過去ではない．「らしさ」という言葉でくくられるものもその1つである（大城，1996）．日常の生活空間では見出せない何かを，他所である島に見出し，「らしさ」を求めてやってくるというのである．大城が指摘するように，その際，竹富島が，八重山地方が，そして沖縄が持つ多様性・異質性・雑多性は抜け落ちてしまい，素朴な対象として受け入れられてしまうのである．

このような歴史的環境の商品化は，マスメディアや観光産業によって後押しされることとなる．過去を参照することによって他の地域にはない独自性が見出され，それが活用されていくのである．島を訪れる人は，何を見，何をするのだろうか．そして，観光客を受け入れるためにどのような仕組みが整えられているのだろうか．また，島の内外の観光産業とどのような関係を有しているのか．様々なスケールで考えなければならない問題である．

13.3.4 制度としての歴史的環境保存

世界遺産「白川郷」を論じる才津（2009）は，観光資源を発掘する地域にとって，文化財としてのお墨付きは非常に魅力的なものだという．文化財と観光を一緒に考えることに違和感を覚える人もいるかもしれない．ここでは「資源化」（岩本，2007）という点に留意しつつ，歴史的環境，とりわけ歴史的な町並みや景観に関わる諸制度について考えてみたい．

伝統的建造物群保存地区は，1975年の文化財保護法改正によって生まれた文化財である．1950年に制定された文化財保護法では，文化財の定義や保護の目的が明らかにされ，また，その保護が公の責務であることが確認されている．そのことは，戦後，散逸・破壊の危機にさらされ続けた文化財を保護するために機能したのだが，同時に，対象は何らかの基準で秩序付けられ，指定を通して権威付けられることとなったのである．しかしながら，文化財の価値は，それが学問的な見地に基づくものであったとしても，社会的歴史的文脈の中で容易に変わりうるものである．1975年の改正は，このように相対的な位置にある文化財にとって，転機ともいえる画期的なものであった．

歴史的町並みという文化財は，学問的価値だけでなく，ときには地域のアイデンティティと結び付くような，より社会性を帯びた位置付けがなされるようになったのである．その背景として，国土の開発の中で地元の文化が消失してしまうことに危機を感じ，それらを文化財として保存するための住民運動が起こっていたことが挙げられる．人々の日常生活から隔絶されたものとしての文化財から，自らの生活に密着した文化や環境をも含む文化財への転換がなされたのである．そのことは，伝統的建造物群保存地区の位置付けを見ても明らかである．文化財保護法において，伝統的建造物群保存地区は，周囲の環境と一体をなして歴史的風致を形成している伝統的な建造物群で価値が高いもの，（および）これと一体をなしてその価値を形成している環境を保存するため，都市計画法または条例で定めた地区と定義される．その一方で，2008年に文化庁が発行した制度を解説するリーフレットを見ると，表紙に「歴史を活かした町づくり」と明示されているのである．つまり，国家の文化財保護制度に則ったものであると同時に，地域の持続可能な町づくりと密接な関係を有するものとして位置付けられているのである．

その実現のために，関係地区の住民を結び付けるネットワークの存在も等閑視すべきではない．1974年に誕生した全国町並み保存連盟は，町並み保存とよりよい生活環境づくりを掲げて活動する住民による全国組織である．歴史的環境の保存は，当該地域の問題であるだけでなく，常に他地域の住民と交流し支援し合うことを通して実現されているのである．

歴史的環境の保存と町づくりとの密接な関係は，伝統的建造物群保存地区の制度にのみ見出されるものではない．国家の他の制度においても，近年，両者の結び付きが強調される傾向にある．例えば，2004年の文化財保護法改正によって誕生した文化的景観保護制度はその一例である．「地域における人々の生活又は生業及び当該地域の風土により形成された景観地で我が国民の生活又は生業の理解のため欠くことのできないもの」と定義される文化的景観の保護制度は，人々の生活の場やコミュニティを重要視するものであり，町づくりにおいて大きな役割を果たすことが期待されている．他方，町づくりの側面をより強く押し出した「地域における歴史的風致の維持及び向上に関する法律（歴史まちづくり法）」も2008年に制定されている．この法は文部科学省（文化庁），農林水産省，国土交通省が共管するものであり，町づくりの色彩がより強い．

このような状況について，歴史的環境などの地域の遺産が，町づくりのなかで「資源化」されていると説明することもできよう．観光のための資源というだけでなく，地域のアイデンティティを再確認し生活環境の向上をはかるために，歴史的環境が高く評価され，利用されているのである．このように，歴史的環境保存に関わる制度の展開や地域を超えたネットワークの存在にも留意することが肝要であろう．

13.3.5 生活環境への注目

竹富島の歴史的町並み保存を見ると，その活動が，生活から切り離された文化財の保護ではなく，島の生活環境を守るための運動であったことがよくわかる．生活基盤である島の土地が外部流出すること，さらに，そこで島の生活とは切り離されたリゾート開発が行われることに対して，島の人々が島外の人々と協同して立ち向かうなかで，伝統文化や歴史的町並みが重要視されたのである．そのような運動の性格は，1986年に制定された「竹富島憲章」に明確に現

> 私たちは，祖先から受け継いだ伝統文化と美しい自然環境を誇り，『かしくさや　うつぐみどぅ　まさる※』の心で島を生かし，活力あるものとして後生へ引き継いでいくためにこの憲章を定めます．
>
> **保存優先の基本理念**
> 一．『売らない』島の土地や家などを島外者に売ったり無秩序に貸したりしない．
> 二．『汚さない』海や浜辺，集落等島全体を汚さない．
> 三．『乱さない』集落内，道路，海岸等の美観，島の風紀を乱さない．
> 四．『壊さない』由緒ある家や集落景観，美しい自然を壊さない．
> 五．『生かす』伝統的祭事，行事を精神的支柱として民俗芸能，地場産業を生かす．
>
> 私たちは，古琉球の様式を踏襲した集落景観の維持につとめます．
> 私たちは，静けさ，秩序ある落ち着き，善良な風俗を守ります．
> 私たちは，島の歴史，文化を理解し教養を高め，資質向上をはかります．
> 私たちは，伝統的な祭を重んじ，地場産業を生かし，島の心を伝えます．
> 私たちは，島の特性を生かし，島民自身の手で発達向上をはかります．

図13.4 竹富島憲章（抜粋，1986年）
※：「一致協力することこそ優れて賢いことだ」の意味．

れている（図13.4）．過去の姿や遺物を凍結するかのように保護するのではなく，活力ある生活環境を未来へと引き継ぐために，島の伝統文化や歴史的環境が位置付けられているのである．

このような状況は「文化の客体化」（太田，1993），すなわち「文化を操作できる対象として新たに作り上げる」という考え方を通して説明することができる．島に対して投げかけられていたまなざし，島の伝統文化に対して付与されていたイメージをいったん受け入れたうえで，島の人々が主体となり，島のために文化を再構成し住民運動の前面に押し出しているのである．文化を核にしたエンパワメント（empowerment）ということもできよう．文化を介して自らの差異，自らの場所を主張することは，均質化が進行する社会において一般的にみられる対抗の手段なのである．それは，「個人の，あるいは集合的なアイデンティティを求めるもの，移りゆく世界の中でゆるぎない拠り所を求めるもの」（ハーヴェイ，1999）なのである．

歴史的環境の保存を考察するとき，このように，主体の活動に注目することは不可欠である．しかしながら，人は「現在」を生きる存在であり，暮らしの場を取り巻く社会的環境も常に変化するものである．そのなかで，新たな問題

や摩擦も，当然，生じる．才津（2009）は，観光化と規制強化のなかで白川郷の住民の間に生じた摩擦について言及している．竹富島においても同様である．2010年現在，新たなリゾート開発が島民を巻き込む形で，新たな問題となっている．生活環境に関わる問題として歴史的環境の保存を位置付ける現代において，リゾート開発という出来事は，開発か保存かという二項対立的な見方では理解できなくなってきているのである．

13.4 プロセスとしての歴史的環境保存

　歴史的環境の保存という現象は，多様な視角から解釈できる．その可能性の一端を，竹富島を例に示してきた．しかしながら，ここで示した視角は固定化されるものではなく，重層的に存在するものである．重要なのは，歴史的環境を静的な存在として捉えるのではなく，ダイナミックに動く存在として，それをめぐる諸現象を捉えることである．その際，地域やコミュニティに主眼をおくような視点も必要であるが，一方では当該地域を超えた社会の有り様（外部との関係のみならず，制度の問題も含む）にも留意する必要がある．
　歴史的環境の保存は，結果ではない．プロセスとしていかに説明できるか，そして，誰に対してその説明を提示していくのか，問われるのである．

◆ 文化地理学

　1つの分野として文化地理学の姿を描き出すことは，意外に難しいかもしれません．1つには，「文化」という考え方に由来します．文化を対象とするとはいえ，「人間に対する関心は，文化地理学の課題となり得る」（中川ほか，2006）と入門書で説明されているように，文化は，集団によって習得され，共有され，伝達される生活様式の体系という広い範囲をカバーするものとして捉えられてきたからです．もう1つには，文化をめぐる研究がここ数十年の間で激変していることに由来します．階級や民族，ジェンダー，セクシュアリティに関わる問題として，また集団とアイデンティティ形成をめぐる課題として，文化は社会・政治的関係の中で捉えられる

ようになったのです．ごく最近の動向を示す論文（例えば，森，2009）を見てみましょう．その後も変化を続ける文化地理学の姿を見出すことができるでしょう．

[福田珠己]

引用文献

岩本通弥 編（2007）：『ふるさと資源化と民俗学』，吉川弘文館．

浮田典良（1974）：八重山諸島における遠距離通耕．地理学評論，**47**：511-523．

大城直樹（1996）：現代沖縄の地域表象と言説状況．『空間から場所へ――地理学的想像力の探求』（荒山正彦・大城直樹 編），pp.198-211，古今書院．

太田好信（1993）：文化の客体化――観光をとおした文化とアイデンティティの創造．民族学研究，**57**：383-410．

才津祐美子（2009）：世界遺産「白川郷」にみる文化遺産化と観光資源化．『観光の空間――視点とアプローチ』（神田孝治 編），pp.201-210，ナカニシヤ出版．

トレヴァー＝ローパー, H.（前川啓治・梶原景昭 訳）(1992)：伝統の捏造――スコットランド高地の伝統．『創られた伝統』（ホブズボウム，E.・レンジャー，T. 編），pp.29-72，紀伊國屋書店［Trevor-Roper, H. (1983): The invention of tradition: the Highland tradition of Scotland. Hobsbawm, E. and Ranger, T. eds., *The Invention of Tradition*, Cambridge University Press］．

中川 正・森 正人・神田孝治 編（2006）：『文化地理学ガイダンス』，ナカニシヤ出版．

永渕康之（1998）：『バリ島』，講談社．

ハーヴェイ, D.（吉原直樹 監訳）(1999)：『ポストモダニティの条件』，青木書店［Harvey, D. (1989): *The Condition of Postmodernity: An Enquiry into the Origins of Cultural Change*, Blackwell］．

ブーアスティン, D.（星野郁美・後藤和彦 訳）(1983)：『幻影の時代――マスコミが製造する事実』，東京創元社［Boorstin, D. (1961): *The Image: Or, What Happened to the American Dream*, Atheneum］．

福田珠己（1996）：赤瓦は何を語るか――沖縄県八重山諸島竹富島における町並み保存運動．地理学評論，**69A**：727-743．

ホブズボウム, E.・レンジャー, T. 編（前川啓治・梶原景昭 訳）(1992)：『創られた伝統』，紀伊國屋書店［Hobsbawm, E. and Ranger, T. eds. (1983): *The Invention of Tradition*, Cambridge University Press］．

牧野厚史（1999）：歴史的環境保全における「歴史」の位置づけ――町並み保全を中心として．

環境社会学, **5**：232-239.

マッカネル, D.（遠藤秀樹 訳）（2001）：演出されたオーセンティシティ——観光状況における社会空間の編成. 奈良県立商科大学研究季報, **11**(3)：93-107 ［MacCannell, D. (1973)：Staged authenticity：Arrangements of social space in tourist settings. *American Journal of Sociology*, **79**：589-603］.

森 正人（2009）：言葉と物：英語圏人文地理学における文化論的転回以後の展開. 人文地理, **61**：1-22.

八木康幸（1994）：ふるさとの太鼓——長崎県における郷土芸能の創出と地域文化のゆくえ. 人文地理, **46**：23-45.

琉球大学民俗研究クラブ（1988）：八重山竹富島調査報告. 『沖縄民俗（復刻）』（琉球大学民俗研究クラブ）, pp.27-119, 第一書房.

Ⅳ 環境研究のフロンティア

14 エコツーリズム

　エコツーリズム (ecotourism) やエコツアー (ecotour) という言葉は，すでに日常的に使われるようになってきている．実際にエコツアー（図14.1）に参加した経験を持つ人も多いだろう．観光という視点からみれば，ツーリズム (tourism) とは，「ツアーを作り出し，実践する仕組みや考え方」であり，ツアー (tour) とは，「旅行業者などが取り扱う商品化されたサービス，『旅行』，『旅行商品』」ということになる（敷田ほか，2008）．エコツーリズムと一般のツーリズムとはどこが違うのか，どのような思想に基づいているのかが，まず問題となるであろう．また，そのようにして構築されたエコツアーとはどのようなものであり，また商品化されたサービスとしてのエコツアーが，本来それを生み出した思想を十分に具現しているかどうかを検討する必要もある．
　地理学という視点から見れば，エコツーリズムやエコツアーはさらに多くの問題を提起している．第1は，ツアーを行う側と，ツアーに参加する側，また

図14.1　北海道サンル川でのエコツアー
箱メガネで川の中をのぞく参加者．

ツアーの場となる地域の住民という3つの異なるアクターの問題であり，これは従来，文化人類学（例えば，太田，1996；千代，2001）や環境社会学（古川・松田，2003）でも研究されてきたテーマである．特に本書のテーマである地域環境の地理学という視点から見れば，エコツアーが実施されている地域の住民とその環境が，最も重要な研究対象として浮かび上がってくるであろう．

地域の環境には，地域の経済も社会も，すべてがそこに含まれる．それが自然環境を変えていくのだとすれば，エコツーリズムが提起する問題は，地域における人と自然との関わりを分析・研究する最も地理学的な研究テーマであるといえよう．

14.1 エコツーリズムの定義

エコツーリズムの定義は実に様々で，従来挙げられてきた多様な定義は小方（2000），真板（2001），吉田（2003）などによって詳しく紹介されている．そのような考え方が生まれ発展してきた過程で，観光に携わる者や研究者や自然保護を目指す人たちなど，重なり合いながらも立場を異にする人々によって，その定義は多様になされてきたといえる（小野，2011）．上記の3人の著者がそれぞれエコツーリズムの発展過程を歴史的に振り返り，各時点での定義を紹介しているのはそのためである．

最初に「エコツーリズム」という言葉を用いたのは，メキシコのエクトール・セバリヨス・ラスキュライン（Lascurain, H.C.）で，1983年または1988年のことであったといわれている（Beeton, 1998；吉田，2003）．

「エコツーリズムは，比較的荒らされていない自然地域で景色や野生植物や動物を観察し研究し楽しむ，あるいはその地域にある文化的特色（過去と現在のもの両方）を見るという特別の目的を持った『観光』の一部として位置付けることもできる」というのがラスキュラインによるエコツーリズムの定義である．彼は，エコツーリズムが特に第三世界の地域住民に経済的な利益をもたらすと考えていたという（吉田，2003）．UNEP（国連環境計画），UNWTO（世界観光機関），IUCN（国際自然保護連合）のまとめた「国立公園と保護地域における観光推進ガイドライン」（日本自然保護協会，1994）の作成にあたって，ラス

キュラインはIUCNの側から関わっており，彼は自然保護の立場からエコツーリズムを考えているようにみえる．しかし吉田（2003）も指摘しているように，ラスキュラインの定義では，自然の豊かな地域を見に行くというネイチャーツーリズム（nature tourism）との違いはまだ明確にされているとはいえない．

現在でも，エコツーリズムといえば，アマゾンやボルネオの熱帯雨林に行ったり，サンゴ礁やマングローブをカヌーで体験したりする観光のことであると考えている人が多いであろう．だが，単に自然のなかに入っていくだけの観光はエコツーリズムとはいえないことに注意しなければならない．それらは自然を観光の対象とするネイチャーツーリズムと呼ばれるものであり，また，それが大勢で行われ，もともとあった自然を壊すような状況になれば，エコツーリズムとは正反対のマスツーリズム（mass tourism）になってしまうのである．

エコツーリズムを，それまでの様々なツーリズム（観光）から区別する最も重要な点は，自然であれ文化であれ，それが観光の対象とするものを壊すことなく将来にわたって持続的に維持しようとする点にある．このことから，エコツーリズムは持続的観光，すなわちサステナブルツーリズム（sustainable tourism）とも呼ばれる（Harris et al., 2002）．それはまた，これまでの持続的でない観光のあり方からすれば，別な観光のあり方を目指すものであるから，「これまでとは別な，もう1つの観光」という意味で，オルターナティブツーリズム（alternative tourism）とも呼ばれる．また，大規模な観光施設を要求せず，あるがままを体験する観光であることから，ソフトツーリズム（soft tourism）と呼ばれることもある．

日本の観光に関わる最大の組織の1つである日本旅行業会（JATA）によるエコツーリズムの定義は以下のようなものである（真板, 2001）．

エコツーリズムは，自然観察を中心としてその土地に存在する生態系（「エコロジー」）を守り，その「インパクト（悪影響）」を最小限にしようとするツアーを実践する運動である．さらに，その生態系の中に生きる住民の生活も含んでいることから，先住民に対する「観光による自立」を支援する活動も重要な要素である．

また，日本エコツーリズム協議会は，以下の3つの条件を挙げてエコツーリズムを定義している（環境省, 2004）．エコツーリズムとは，

①自然・歴史・文化など，地域固有の資源を生かした観光を成立させること
②観光によってそれらの資源が損なわれることがないよう，適切な管理に基づく保護・保全を図ること
③地域資源の健全な存続による地域経済への波及効果が実現すること

をねらいとする，資源の保護＋観光業の成立＋地域振興の融合を目指す観光の考え方である．それにより，訪問者に魅力的な地域資源との触れ合いの機会を永続的に保障し，地域の暮らしの安定，資源が守られていくことを目的とする．

これらのいくつかの定義からも，エコツーリズムには，それがエコツーリズムとして成り立つための条件が伴うことが理解されるだろう．それぞれの定義に従って，ある一定の基準（ガイドライン：guideline）を満たすことが必要なのである．逆にいえば，ガイドラインのないツーリズムはエコツーリズムではありえない．したがって，どんなガイドラインが設定されているかということから，エコツーリズムの内容を知ることができるともいえる．日本自然保護協会（1994）の出したガイドラインでは，まず「訪れる土地の自然環境に悪影響を与えないこと」という原則がうたわれている．エコツーリズムのガイドラインは様々であるが，結局のところ，これが最も重要で，また共通するガイドラインであるといえよう．

2002年は国際連合が定めた「国際エコツーリズム年」であった．これを記念してカナダのケベックで開催された「世界エコツーリズム・サミット」では，「エコツーリズムに関するケベック宣言」（日本語訳の全文は，小方（2000）を参照）が採択された．多くの先住民族を抱えるカナダで開かれたこともあって，この宣言ではエコツーリズムは先住民族や，彼らの住む地域社会（コミュニティ）に配慮すべきであるというガイドラインが強調されている．エコツーリズムの原則として挙げられている主なものは以下のものである．

①自然と文化遺産の保存に積極的に貢献すること
②エコツーリズムの計画・開発・運営において，地元や先住民のコミュニティを参加させ，彼らの生活向上に貢献すること
③訪問地の自然や文化遺産を訪問者に理解させること
④単独の旅行者や少人数のグループのツアーにとって，より有効であること
⑤観光は社会，経済，環境と深く複雑な関係があり，環境と地元コミュニティ

14.1 エコツーリズムの定義

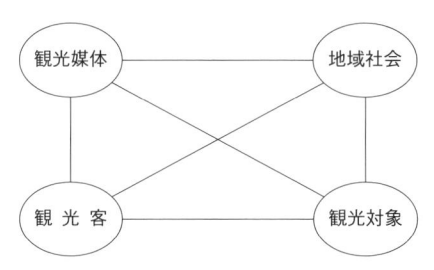

図 14.2 四角形のダイアグラム
吉田（2003）による．

にとって利益だけでなく，マイナス面があることを認識すること
⑥エコツーリズム開発は，先住民と地元コミュニティの土地と財産権を考慮，尊重すべきであり，可能な限り先住民と地域社会の自己決定権と文化的主権が尊重されるべきことを確認すること．それには彼らの伝統的知恵(traditional knowledge) とともに，保護されるべき土地（protected land），傷つきやすい土地（vulnerable land），神聖な土地（sacred land）を含む
⑦エコツーリズムや，自然地域における他の形態の観光がもたらす社会，経済，環境への公正な恩恵を実現するために，またその負の影響を最小にとどめ，あるいは避けるために観光開発を拒否する権利も含めて，透明な方式で地元レベルで土地利用を規定し宣言できるよう，先住民や地元コミュニティが計画段階で参画できる仕組みが必要とされることを強調すること

ここで述べられている先住民という言葉をそのまま地域住民と置き換えることも可能であろう．また，ここに提示されているような包括的な原則を見れば，エコツーリズムを考えるにあたっては，常に訪問者（観光客）やツアーの開発・実施者（観光媒体）だけでなく，ツアーが行われる地域の自然や文化（観光対象），そして，それらとともに生きている地域住民や社会を念頭に置かねばならないことがわかるであろう．吉田（2003）は，このような考えに立ち，図 14.2 に示すような四角形のダイアグラムを提案している．

以下に，これらを含めたエコツーリズムの要素について考えてみたい．

14.2 エコツーリズムの構成要素

14.2.1 訪問者――ツアーに参加する人

エコツアーに参加して地域を訪れる観光客はエコツーリストと呼ばれる.「エコツーリズムに関するケベック宣言」の最初に述べられている「自然と文化遺産の保存に積極的に貢献すること」という要請は,エコツーリズムにおいてはツアーの作り手だけでなく,ツアーの参加者に対しても求められていることに注意しなければならない.つまり,訪問者もまた,そのような意識を持っていることが,エコツアーを成り立たせる条件の1つなのである.

この意味で,エコツーリズムがマスツーリズム(基本的には誰でも,どんな考えを持った人でも,ツアー客として最大限に受け入れようとする)とは相容れない概念であることが理解されるであろう.共通の意識を持ち同じような目的を共有するエコツーリズムは最初から,少人数を対象としたスモールツーリズム (small tourism) とならざるをえないのである.観光の歴史では,マス化したツーリズムを,ツアーの品質を高めることでスモール化しようとしたトマス・クック社の事例(井野瀬,1996)がよく知られているが,そのような意味からすればエコツーリズムは,意識を持ったエコツーリストに参加者を限定することでマスツーリズムとの差異化を図ろうとしているともいえよう.

14.2.2 観光媒体――ツアーをつくる人・組織

エコツアーをつくる側にとっては,実に多くの重要な条件が課せられる.「エコツーリズムに関するケベック宣言」のすべての項目について,きちんと考察し,適切な対応をすることが求められるのである.どのようなツアー客を選ぶかということもその1つであろう.ツアー客が,「自然と文化遺産の保存に積極的に貢献する」という意識を十分に持っていないときには,事前の教育が必要となるかもしれない.

また,エコツアーがたとえ少人数で,地域の自然や文化遺産の保存に貢献することを目的として計画・設計されていたとしても,結局のところ,それが地域の自然や文化を破壊してしまったら,それらはエコツーリズムではなくなる.

地域の自然や社会が持つ適正（環境）収容力（キャリイングキャパシティ；carrying capacity）を見極め，それを超えないようにすることが重要なのである．これはエコツーリズムの第3，第4の要素と密接に関わっている．

14.2.3　観光対象——地域の自然と文化

すべてのものには，収容の限界とされる量がある．サッカースタジアムや野球場，劇場を考えてみれば，そこに収容できる観客数は座席の数で決まる．観光においても，まず宿泊や輸送によって最大収容力は決まってしまう．ベッド数を超えて泊めることはできないし，飛行機であれば定員を超えた輸送はできない．鉄道やバスなら，すしづめ状態での輸送もできるが，これでは訪問客の満足を得られないであろう．宿も途中の移動も，定員いっぱいより少し空席があるくらいのほうが快適なのである．目いっぱいに入れられる数が最大収容力であるとすれば，快適に過ごせる数が適正収容力であるともいえる．

しかしエコツアーにおいてより重要な問題となるのは，このような施設や輸送手段による収容力以上に，動植物や水，土地といった生態学的に決められる収容力（適正環境収容力）である．逆にいえば自然の収容力がまず問題であり，それにより施設や輸送の収容力を考えようというのがエコツーリズムの立場である．適正環境収容力と「環境」の文字を入れるのは，そのためである．

世界遺産で有名になった鹿児島県の屋久島では，縄文杉を見に行く「エコツアー」が急増し，大きな問題となっている（吉田，2003）．大勢で押しかければ，踏みつけで根元は痛めつけられ，土壌は劣化し，木は枯れてしまう恐れもあるだろう．根元には踏み込めないように工夫がなされても，自然のなかの縄文杉を都会のような混雑感のなかで見るのは，エコツアーが目指してきた本来の目的とはすでに異なっているだろう．

ダーウィンの進化論を生んだガラパゴス諸島は国立公園によって厳しく管理されており，訪問者への教育も含めて，そこでのツアーのあり方はエコツーリズムの歴史でも重要な意味を持っている．ツアー客は島内では宿泊できず，船上に泊まらなければならないという規制も，外部から島内に持ち込まれるインパクトを最小限に抑えようとする強い姿勢の現れである．それでもなお，ツアーによって悪影響が出ているのである（エコツーリズム推進協議会，1999）．

狭い島では特に，観光のために大規模なホテルなどが建設されれば，それが動植物のハビタット（生息・生育場所）を破壊するだけでなく，排水やゴミによる環境汚染，水の大量消費による水資源への影響など，様々な影響を与える（海津・真板，2001）．たとえどんなによいエコツアーであっても，その人気が高まり訪問客が増え，宿泊施設の拡大などが生じると，結果としてその地域の適正環境収容力を超えてしまうことが多い．

適正環境収容力を調べるためには，ツアーが与えるインパクトを常に計測するモニタリング（monitoring）が必要である．エコツーリズムにおいては，こうしたモニタリングと，その結果に基づいて，実施されているエコツアーを常に監視し，インパクトが適正環境収容力を超えそうなときにはツアーそのものの内容を変更したり，場合によっては廃止したりするというフィードバックが不可欠である（敷田ほか，2008）．しかし日本のほとんどのエコツアーではモニタリングが極めて不十分であり，フィードバックもきちんとなされていないのが現状であろう．一方，世界の保護地域ではモニタリングに基づいてガイドラインを定め，様々な規制が行われている（Eagles et al., 2002）．

14.2.4 地域社会・地域住民

エコツアーでは自然のなかに入ることが多いとはいえ，観光客が訪れる森や海辺は，その地域の人々の生活の場でもある．またエコツーリズムの中でも，自然よりは地域の文化を対象にしたカルチュラルツーリズム（cultural tourism）や，文化遺産を対象としたヘリテッジツーリズム（heritage tourism）においては，まさに地域住民の生活や社会そのものが観光の対象とされるわけで，ツアーによるインパクトは極めて大きくなる可能性を持っている．ツアー客の行動によって住民個人のプライバシーが侵害されることもあるだろうし，また特に先住民族の文化を対象としたエスニックツーリズム（ethnic tourism）や先住民族自身がガイドする先住民族ツーリズム（indigenous tourism；図 14.3）においては，観光そのものによる先住民族の文化の変容や，文化摩擦，先住民族の権利の侵害といったことも起きるのである（Zeppel, 2005）．観光客が知らないで聖地に踏み込んだり，あるいは，撮影禁止と知りながら儀式などをこっそり撮影してしまうといったインパクトもあるだろう．「エコツーリズムに関す

図 14.3 オーストラリアの先住民族アボリジニによるエコツアー
ウルル（エアーズ・ロック）の前でアボリジニのガイド（写真右手前）の話を聞く参加者たち

るケベック宣言」（154 ページ参照）の⑥と⑦は，特にこれらの点への配慮を求めたものである．

　エコツーリズムは先住民族をはじめ開発途上国の貧しい人々の経済的自立を助け，自然を壊さない持続的発展を可能にするという大きな利点があるとされている．しかし，貨幣経済，外部経済への依存が高まることは，もともとそれらを否定してきた先住民族の文化や地域社会を壊す結果を生む可能性があることについても十分に注意しなければならない．だからこそ，「エコツーリズムに関するケベック宣言」の⑦では，地域住民が観光開発を拒否する権利も尊重すべきとしているのである．

14.3　北海道でのエコツーリズム

　エコツーリズムの実践には，自然環境だけでなく，地域社会・住民との関わりを重視しなければならないことを見てきた．エコツーリズムにおいては，とりわけ地域社会の主体性が重要であることを示したのが図 14.4 である．自然環境の保全も，観光振興も，地域振興も，その主体は地域社会にある．この点が，大きな外部資本によって動かされ，地域社会が一方的にその受け手になってしまうことが多いマスツーリズムとの大きな違いであるといえよう．ここで重要

なのは，地域が主体となるということは，エコツーリズムの最大の受益者もまた地域でなければならないという点である．エコツーリズムにおける利益は，できるかぎり，そのツアーを実施する地域社会や住民に還元されるべきである．この点で，エコツーリズムは，外部の観光業者がほとんどの利益を持っていき，地元にはわずかな収入のほかはゴミや喧騒しか残らないというマスツーリズムの対極を目指す観光といえよう．

　北海道と沖縄県は，日本で最もエコツアーが盛んな地域である．筆者らが中心になって2000年に作った「北海道のエコツーリズムを考える会」では，2001年に「北海道におけるエコツーリズムのためのガイドライン」を作成した．訪問者向け，ツアーガイド，ツアー企画者向け，宿泊施設向けと3つに分かれているが，以下のような5つの基本的な原則を打ち出したことが特徴である．

　北海道らしいエコツーリズムとは，①自然に負荷を与えずに，自然を楽しみ，自然を見る目を養えるものでなければなりません，②自然資源や文化・歴史資源との持続的な関係を保ち，先住民族アイヌの文化などにふれることによって「自然と人との関係」を見直し，学ぶものです，③体験型・滞在型のツアーを中心とし，多様なニーズに応えられるものでなければなりません．また冬でも定着できるものが必要です，④未来をになう子どもの参加を重視し，環境教育の機会を与え，さらに参加者のライフスタイルを変える機会も与えます，⑤地元とのつながりを生み出し，北海道の基幹産業である第一次産業と関わるなど，地域の振興にも結び付くものです．

　これらの原則に従って，その後，様々なエコツアーが開発，実施されてきた．

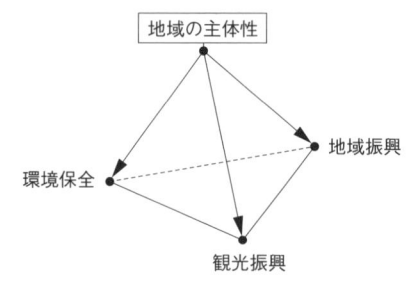

図14.4　エコツーリズムにおける地域社会の主体性
敷田ほか（2008）による．

14.3 北海道でのエコツーリズム

ブナの北限となっている道南の黒松内町（くろまつない）や，温泉で有名な登別市（のぼりべつ）では，NPO法人「ねおす」が開発したエコツアーが行われており，また知床世界自然遺産地域では，知床の豊かな自然を対象にしたエコツアーが実施されている．これらについては敷田ほか（2008）に紹介されているので参照されたい．

知床は2005年8月に世界自然遺産に認定されたが，日本政府や北海道はその認定プロセスにアイヌ民族を関与させなかった．これに対して，筆者らは世界遺産地域の管理へのアイヌ民族の参画を目指す運動を起こした．世界遺産を審査するIUCN（世界自然保護連合）は，これを受けて日本政府に対しアイヌ民族がエコツーリズムなどを通じて遺産地域の管理に関わるべきであるとの勧告を出すに至った（小野，2006a）．アイヌ民族をガイドとする先住民族エコツーリズムは，知床が世界遺産に指定される前の2005年7月から始まり（図14.5），現在ではアイヌの若者1人が現地に常駐して常にガイドできる体制を作っているほか，阿寒町でもアイヌ民族によるエコツアーが行われている．

これらが1990年代以前のアイヌ観光（大塚，1996）と根本的に異なるのは，それまでの「見られるもの」としてではなく，アイヌ側が主体となり自らが観光を通じて文化発信している点であろう．これまでは単に観光の対象であった先住民族が，エコツーリズムにおいてはその主体としてプログラムを開発し，ツアーを実施しているのである．これが先住民族エコツーリズムの特徴である．

また道央の長沼町などでは，農家への宿泊と農作業の体験を中心とした滞在

図14.5 知床世界遺産でのアイヌ・エコツアー
アイヌの伝統的な楽器「トンコリ」を持ちながらガイドするアイヌのガイド．

型のグリーンツーリズム（green tourism）が，特に修学旅行生を受け入れることで成功しており，6月～9月の4カ月だけで，毎年5,000人もの訪問者を受け入れている（古賀・小野，2010）．

上述した原則の③～⑤に相当するように，滞在型のグリーンツーリズムはエコツーリズムの重要な1つである．農村での観光はルーラルツーリズム（rural tourism），アグリツーリズム（agri tourism）などとも呼ばれるが，本州とは異なった広大な農地での農業体験を提供できる北海道のグリーンツーリズムは，世界各地での様々なグリーンツーリズム（青木，2004；横山，2006）と比べても大きな可能性を持っているといえよう．

◆ **環境地理学**

環境とは，自然と人間との関係を意味しますから，地理学は本来，環境を対象とする学問であったともいえます．しかし，学問が細分化によって自然地理学と人文地理学の分化が生じ，また人間の生活や能力が自然条件によって支配されるとする「自然環境決定論」が人種差別や植民地主義を助長したため，自然と人間との関係を論じることは，地理学にとってタブーとされてきた時期があります．しかし1960年代以降，公害問題に始まり，砂漠化や地球温暖化など，様々な環境問題が世界中で生じるようになると，地理学がこれらに対応してこなかったことが批判されるようになってきました（小野，2006b）．環境問題を解決するには，単に記述するだけでなく，ではどうすべきかと提言し，それに向けて人々を動かしていく，新しい地理学のありかたが求められているといえます．

[小野有五]

引用文献

青木辰司（2004）：『グリーン・ツーリズム実践の社会学』，丸善．

井野瀬久美恵（1996）：旅の大衆化か，差別化か？ トマス・クック社発展の影で．『観光の20世紀』（石森秀三 編），pp.27-42，ドメス出版．

海津ゆりえ・真板昭夫（2001）：西表島におけるエコツーリズムの発展過程の史的考察．『エ

コツーリズムの総合的研究』(石森秀三・真板昭夫 編), pp.211-239, 国立民族学博物館.

エコツーリズム推進協議会 (1999):『エコツーリズムの世紀へ』, エコツーリズム推進協議会.

太田好信 (1996):エコロジー意識の観光人類学 ベリーズのエコ・ツーリズムを中心に.『観光の20世紀』(石森秀三 編), pp.207-222, ドメス出版.

大塚和義 (1996):アイヌにおける観光の役割.『観光の20世紀』(石森秀三 編), pp.101-122, ドメス出版.

小方昌勝 (2000):『国際観光とエコツーリズム』, 文理閣.

小野有五 (2006a):シレトコ世界自然遺産へのアイヌ民族の参画と研究者の役割——先住民族のガヴァナンスからみた世界遺産. 環境社会学研究, 12:41-56.

小野有五 (2006b):人間を幸福にしない地理学というシステム——環境ガバナンスの視点から見た日本の地理学と地理教育. E-jounal GEO, 1(2):89-108.

小野有五 (2011):世界自然遺産・エコツーリズム.『新通史 日本の科学技術 第4巻』(吉岡 斉 編集代表), pp.523-548, 原書房.

環境省 編 (2004):『エコツーリズム さあ, はじめよう』日本交通社.

古賀友子・小野有五 (2010):農家および訪問者の意識からみた北海道長沼町のグリーンツーリズム. 日本地理学会発表要旨集, 77:268.

敷田麻美・森重昌之・高木晴光・宮本英樹 (2008):『地域からのエコツーリズム——観光と交流による持続可能な地域づくり』, 学芸出版社.

千代勇一 (2001):エクアドル・アマゾンにおける観光開発のインパクト:ワオラニ社会の事例研究.『エコツーリズムの総合的研究』(石森秀三・真板昭夫 編), pp.199-210, 国立民族学博物館.

日本自然保護協会 (1994):『NACS-J エコツーリズム・ガイドライン』, 日本自然保護協会.

古川 彰・松田素二 (2003):『観光と環境の社会学』, 新曜社.

真板昭夫 (2001):エコツーリズムの定義と概念形成にかかわる史的考察.『エコツーリズムの総合的研究』(石森秀三・真板昭夫 編), pp.15-40, 国立民族学博物館.

横山秀司 (2006):『観光のための環境景観学』, 古今書院.

吉田春生 (2003):『エコツーリズムとマスツーリズム——現代観光の実像と課題』, 大明堂.

Beeton, S. (1998): *Ecotourism : A Practical Guide for Rural Communities*, CSILO［小林英俊 訳 (2002):『エコツーリズム教本』, 平凡社].

Eagles, P.F.J., MacCool, S.F. and Haynes, C.D. (2002): *Sustainable Tourism in Protected Areas : Guidelines for Planning and Management*, World Trade Organization［小林英俊 監訳 (2005):『自然保護とサステイナブル・ツーリズム』, 平凡社].

Harris, R., Griffin T. and Williams P. (2002): *Sustainable Tourism. A Global Perspective*, Elsevier.

Zeppel, H. (2005): *Indigenous Ecotourism : Sustainable Development and Management*, CABI.

IV 環境研究のフロンティア

15 健康と社会環境
——日本の受動喫煙問題

15.1 路上禁煙地区の広がり

　高齢化社会を迎えている現代の日本社会において，健康に関わる諸問題は大きな関心を集めているトピックである．2000年の厚生省（現　厚生労働省）による「健康日本21」策定や，2003年の「健康増進法」施行など政策的な進展とともに，健康と社会関係を捉える研究が増加している（野村ほか，2003；桝本，2006）．地理学においても，「健康の地理学」という新しい分野の構築に向けた取組みが始まっており（Kearns and Moon, 2002；Carmalt and Faubion, 2010；村田・埴淵，2011），健康をめぐる空間の問題は今後の大きな研究課題になっている．本章ではこのような潮流を鑑み，具体的事例として，現代の健康問題において重点的に取り組まれているタバコに注目し，喫煙と社会環境の問題を考えていきたい．

　今日の日本において，「喫煙が空間的な問題である」という認識を広める契機となったのが，「路上禁煙地区」の設定である．この路上禁煙地区は，2002年10月に東京都千代田区が「安全で快適な千代田区の生活環境の整備に関する条例」を施行し，区内の約40％を「路上禁煙地区」と設定したことに端を発するものである（2010年には皇居を除く全区域に拡大．図15.1）．この条例の特徴的かつ画期的な点は，路上喫煙やタバコのポイ捨てに対して，行政罰として「過料」（2万円以下．当面2,000円）を科したことである．

　タバコのポイ捨てなどのマナー違反に関しては，1992年に福岡県北野町（現久留米市）が「北野町の環境をよくする条例」において日本初の「ポイ捨て禁止条例」（3万円以下の罰金）を施行して以来，多くの自治体が空き缶やタバコのポイ捨てに対する禁止条例を制定してきた．ただし一連の条例で設定された違反者への罰は刑事裁判の手続きが必要な「刑事罰」であり，その手続きの煩雑性から実際に違反者に「罰金」を科すことは容易ではなかった．このような

背景から，多くの条例は現実的な効果を十分にあげることはできなかった．

これに対して千代田区の条例では，ポイ捨てのみならず，他人に害を及ぼしうる路上喫煙（火傷や受動喫煙）も含めて，首長の権限で対応できる「行政罰」に設定したことで，職員らが違反者に直接「過料」を徴収できるようになった．当時の千代田区が打ち出した「マナーからルールへ」というキャッチフレーズからわかるように，喫煙問題をマナーとして取り扱う従来の施策の限界を踏まえ，ルールという形式にすることで対策の実効性を高めることを目指した．その結果，区内のタバコのポイ捨てや路上喫煙は大幅に減少し，喫煙問題に悩まされてきた地域環境の改善に著しい効果を得た（東京都千代田区生活環境課，2003）．千代田区の成功は，その後，全国の多くの自治体で同様の条例が制定されるという波及効果をもたらした．

ただし，路上禁煙条例の特徴として，各自治体における条例の担当部署が医療・保健関係の部局（地域保健課など）ではなく環境・清掃関係の部局（地域環境局など）であることが多いように，その対策は健康問題としてよりも街の環境美化に重点が置かれる傾向にある．また，これまでの日本の喫煙対策自体をみても，喫煙者側の健康（禁煙外来の設置など）に比べると，非喫煙者側の健康（受動喫煙）に対するアプローチは弱いという問題が挙げられる．そのため，実際に受動喫煙によって身体的・精神的被害を受けている当事者（受動喫煙症患者）の視点が十分に認識されていないのが現状である．以下では，社会的にほとんど認知されていない受動喫煙症という疾患を説明し，患者がいかなる社会環境で苦しんでいるのかという問題を明らかにしていきたい．

15.2　環境タバコ煙による受動喫煙症

タバコ煙には4000種類以上の化学物質が含まれ，そのうち約200種類が有害物質で，60～70種類が発ガン物質であるとされている．中でもタール，ニコチン，一酸化炭素は三大有害物質である．タールには発ガン物質や発ガン促進物質，毒性物質が含まれ，ガンを発生しやすくする．一酸化炭素は身体を酸素欠乏症にするため，動脈硬化や狭心症，心筋梗塞などの心臓病の引き金になる．ニコチンはタバコ依存症を引き起こし，血管を収縮させ，血液の流れを悪くす

図 15.1　路上喫煙禁止の告知　　　　　　図 15.2　環境タバコ煙

る．2008 年に発表された厚生労働省の研究班の試算によれば，日本でタバコが原因とされる関連死者数（2005 年時点）は 196,000 人（男 163,000 人；女 33,000 人）と推計されている（Katanoda et al., 2008）．

　タバコの煙が社会的に問題になるのは，それが喫煙者本人の身体のみならず，周囲の空間にいる人間にも影響を与えるからである．図 15.2 のように，タバコの煙は大きく 3 種類に分類される．主流煙は，喫煙者自身がフィルターを通じて吸引する煙を指す．副流煙は，タバコの先から発生する煙を指す．呼出煙は，喫煙者によって吐き出される煙（あるいは喫煙者の身体に付着した煙）を指す．このうち，副流煙と呼出煙をまとめて環境タバコ煙（ETS：environmental tobacco smoke）と呼ぶ．そして，喫煙者の周囲にいる人間（喫煙者も含む）が環境タバコ煙を吸うことを受動喫煙（passive smoking）という．受動喫煙は，間接喫煙（second-hand smoking），不随意喫煙（involuntary smoking），強制喫煙（compulsory smoking）などともいわれるように，本人の意図にかかわらず喫煙の影響を受ける点が問題になる．実際に，タバコのフィルターを通らない副流煙は，主流煙に比べ有害物質の含有量がはるかに多い（例えば，ニコチン：約 2.8 倍，タール：約 3.4 倍，一酸化炭素：約 4.7 倍，アンモニア：約 46 倍）．このように，喫煙は喫煙者本人のみならず，喫煙者の周囲の空間にいる人間の健康に少なからず直接的な影響を与えるという問題がある．

受動喫煙の害をめぐっては長年，医学的な論争が行われてきたが，2003年に採択されたWHOの「タバコ規制枠組み条約」(FCTC：Framework Convention on Tobacco Control) により終止符が打たれた．FCTCは，保健分野の初めての多国間条約として満場一致で可決されたものであり，同条約第8条において「タバコの煙に暴露することで死亡,疾病および障害を引き起こすことが科学的根拠により明白に証明されている」と，受動喫煙の害が明示されたのである．その後,イギリスの「タバコと健康に関する科学委員会」(Scientific Committee on Tobacco and Health, 2004)，アメリカの「カリフォルニア州環境保護局報告書」(California Environmental Protection Agency, 2005)，「アメリカ合衆国公衆衛生局長報告書」(U.S. Department of Health and Human Services, 2006) などにより，受動喫煙は科学的根拠をもって多様な健康被害（肺ガン，乳ガン，副鼻腔ガン，虚血性心疾患，脳卒中，動脈硬化，アレルギー性鼻炎悪化，気管支喘息，慢性閉塞性肺疾患など）を引き起こすことが相次いで宣言された．

日本は2004年にFCTCの19番目の批准国となり，その対策が求められている．ただし日本学術会議（2008）による『脱タバコ社会の実現に向けて』という要望書で,日本の喫煙対策が欧州30カ国と比べて最下位に位置していると指摘されたように，屋外の路上喫煙対策や他の国々の進捗状況と比較すると，とりわけ飲食店や職場などの屋内空間を中心として，受動喫煙対策が遅れているのが現実である．2003年に施行された「健康増進法」の第25条でも多様な公共空間における受動喫煙防止に必要な措置が提示されているが,罰則のない「努力義務」であるため,その実効性は必ずしも高くない．最近,国立がんセンターによって日本では受動喫煙が原因で年間約6,800人が死亡しているとの試算が報告されている（片野田ほか，2010）．

このような受動喫煙の環境にさらされることで発症する疾患として最近認められるようになったのが「受動喫煙症」である．受動喫煙症とは，2005年に日本禁煙学会および禁煙推進医師歯科医師連盟の「受動喫煙の診断基準委員会」によって定められた,受動喫煙により起きる病名である（日本禁煙学会, 2010）．一般的な症状として，タバコ煙に暴露した際に眼の刺激症状（眼が痛い，眼がしみる），喉の刺激症状（喉が痛い，咳き込む，喘息），脳血管の刺激症状（頭痛）といった症状が挙げられる．表15.1は，受動喫煙症の具体的な分類を示し

表 15.1 受動喫煙症の概要

レベル	症名	症状・併発する疾患など
1	無症候性急性受動喫煙症	急性受動喫煙があるが，無症候の場合
2	無症候性慢性受動喫煙症	慢性受動喫煙があるが，無症候の場合
3	急性受動喫煙症	目・鼻・喉・気管の障害，頭痛，咳，喘息，狭心症，心筋梗塞，一過性脳虚血発作，脳梗塞，発疹，アレルギー性皮膚炎など
4	慢性受動喫煙症	化学物質過敏症，アトピー性皮膚炎，気管支喘息，狭心症，心筋梗塞，脳梗塞，小児の肺炎，中耳炎，気管支炎，副鼻腔炎，身体的発育障害，糖尿病，アルツハイマー型認知症など
5	重症受動喫煙症	悪性腫瘍（特に肺ガン，副鼻腔ガン，子宮頸ガン，膀胱ガンなど），乳幼児突然死症候群，クモ膜下出血，脳梗塞，心筋梗塞（致死性の疾患の場合）など

日本禁煙学会（2010）をもとに作成．

たものであり，専門医による診察・検査によって診断が行われている．

筆者は 2007 年から 2008 年にかけて，タバコ問題に取り組む市民団体などの紹介を経て，東京，名古屋，大阪の三大都市圏において受動喫煙症患者や受動喫煙被害に苦しむ当事者への聞取り調査を実施した．15.3 節では，2007 年 11 月に東京で調査を実施した 3 名の受動喫煙症患者の事例を紹介することで，受動喫煙と職場環境の問題を考えていきたい．

15.3 受動喫煙症患者の職場環境

15.3.1 在職中の事例── A さん：40 代，会社員

A さんが 2001 年 5 月に入社した職場は，喫煙対策がほとんどなされていない環境であった．各自のデスクは名目的には禁煙になっていたものの，喫煙エリアにしかパソコンが設置されておらず，パソコン作業は受動喫煙に暴露される環境で行わなければならなかった．また，コピー機やファックスなどの設置場所も含め，オフィスの約半分のエリアにおいて歩きタバコやくわえタバコが頻繁にみられ，会議や社内の打合せなども喫煙エリアで実施されていた．喫煙者の割合は従業員の約半数と高く，半日以上は喫煙エリアで業務を行わなければならない状況であった．

入社して数カ月のうちに頻繁に気分が悪くなり，頭痛が慢性化していった．そのため2001年10月頃にパソコンを個人費用で購入し，コピーなどは出来る限り勤務時間外に行うようにした．ただし，インターネットに接続可能なのは喫煙エリアのパソコンのみであるとともに，会議や打合せなどは喫煙可能な環境の下で参加せざるをえなかった．

2002年10月にデスクのパソコンがインターネットに接続可能になり，パソコン作業は禁煙エリア内で可能になったものの，その他の環境は変わらず，頭痛などの症状が続いた．2003年5月に健康増進法が施行されたのを受け，6月の社内会議で社内での歩きタバコ・くわえタバコ作業の禁止，会議・打合せの際の禁煙，喫煙所の設置を申し入れたが，いずれも却下された．

2004年3月頃になると，ひどい咳が治まらないほどの喘息発作が度々起きるようになり，6月に咳喘息と診断を受けたため，社内会議で再度，分煙化を申し入れた．その結果，喫煙場所以外は禁煙となったが，しばらくは不徹底な状態が続き，歩きタバコやくわえタバコでの作業が日常的にみられた．咳や頭痛が続くため，治療の一環でステロイド吸飲を始めるが，7月には咳アレルギー性喘息と診断された．

その年の秋には，喫煙場所に（光触媒でタバコの臭いを一定程度おさえると宣伝されている）「喫煙テーブル」が設置された．しかし,そもそも喫煙テーブルにはタバコの有害物質を除去する能力はほとんどないため，健康被害を抑える効果はまったくなかった．そのような喫煙テーブルで同時に数人が喫煙したり,その周囲をくわえタバコで歩きまわったりする状況が頻繁にみられたため，咳や頭痛などの症状が続いた．

2005年春に，喫煙場所に換気扇が設置されるものの，喫煙状況は変わらず換気扇の効果が不十分なため，煙は事務所内に流れてしまう状態であった．そのため，隣席の喫煙者の同僚の呼出煙や，路上・飲食店の副流煙など受動喫煙を受けた後には気管の狭窄感が頻繁に起き，断続的な咳が続いた．この症状は平日の間のみで，週末に自宅で過ごしているときには起きなかったため，受動喫煙が主たる原因と想定された．

受動喫煙症が2005年から医療機関で診断可能になったことを知り，2006年3月に都内の病院を受診し，「急性受動喫煙症」と診断された．その後，職場で

はようやく喫煙所との間仕切りが設置され，症状が改善されるようになった．ただし仕事上で「飲食を伴う打合せ」のときなど喫煙可能な飲食店を利用せざるをえない場合は，身体的に辛くなることが多いという．

このようにAさんは，職場が喫煙可能な空間であったため，受動喫煙症を発症することになった．2003年の健康増進法により受動喫煙対策を会社に求めても，法的拘束力がないため，十分な改善はなされなかった．その後，粘り強く対策を訴えた結果，辛うじて業務を続行できるだけの環境に変化したが，職場での受動喫煙がAさんに健康被害（身体的不調）をもたらした影響は大きい．

15.3.2　休職中の事例――Bさん：30代，団体職員

Bさんの職場では2003年5月に不完全分煙の喫煙室が設置され，6月からはそこに職場中の喫煙者（40～50名）や来客などの喫煙が集中することになった．Bさんは喫煙室のすぐ隣で仕事をしていたため，喫煙室から非常に多くの副流煙が漏れてくる環境におかれるようになった．上司などに職場として適切な環境になるように訴えたが，「受動喫煙対策が不完全な点は認識しているが，もう少し待ってほしい」という曖昧な回答しか得られなかった．喫煙室が設置されたのは同年の健康増進法の施行を受けてのことであるが，会社の上層部が「健康増進法の詳細は承知していない」というような認識不足であったため，結果的に受動喫煙対策としては不完全な「箱物」だけが設置されたのである．

Bさんは，このような職場環境におかれることで，咳，頭痛，吐き気，めまいなどの症状が出るようになり，体調が悪化していった．2004年2月に労政事務所（公的労働相談機関）に相談し上司に交渉した結果，①喫煙室出入口と勤務場所との間に壁（パーティション）を設ける，②喫煙室内にビニールカーテンを設置する，③喫煙室に換気扇を付ける，①～③と並行して，職場全体の問題として喫煙室の存在の是非を討議するという回答を得た．ただし，①～③の工事は実施されたものの，受動喫煙対策として不十分な内容であり，分煙は不完全なままであった．工事後の環境検査は，測定時間・場所などの測定方法がガイドラインに沿っておらず，また結果は基準を満たしていなかった．職場討議は，職場から提案されたことにもかかわらず実施されず，その後Bさんから要求しても「必要なし」と回答された．

3月頃から諸症状が悪化したため病院で受診したところ，突発性難聴も併発していることが明らかになった．これらの症状は受動喫煙によるものであるとともに，ストレスや過労なども一因と考えられた．5月にはストレス外来で「軽うつ病」と診断され，休職することになった．その後，副流煙の影響のない場所であれば復職可能という診断を受け，主治医・上司などと相談の結果，新たな職務内容は不本意であるが，10月に喫煙所から離れた部署へ異動することで，職場復帰を果たした．

しかし異動後も，禁煙場所での職員の喫煙が黙認されている状況であった．喫煙者本人に直接注意したが，嘲笑的な対応をされるという大きなストレスとなる出来事が起きた．トイレに避難したが，それまでの経緯と重なり精神的に追い込まれる状態になった．また，自席周辺には環境タバコ煙が残留していたため，仕事を中断して帰宅せざるをえなかった．帰宅中や帰宅後に，息を吸うと胸が痛くなるなどの苦しい状態が続き，胸から背中にかけて起きられないほどの痛みが生じるに至った．その後，その体験を思い出すと精神的に辛くなるとともに頭痛などもひどくなり出勤できない状態に陥ったため，休職せざるをえなかった．

2007年に都内の病院で「急性受動喫煙症」と診断された．休職により，職場での受動喫煙被害はなくなったものの，プライベートの場面（友人との集まりや飲み会など）にも完全禁煙でないと出席できなくなった．ただし完全禁煙の飲食店は必ずしも多くないため，人間関係の維持が難しくなったという．

このようなBさんの事例からは，受動喫煙による被害が身体的次元にとどまらず精神的次元にまで及ぶことがうかがえる．精神疾患の1つであるパニック障害に特徴的な症状として，「空間恐怖症」（アゴラフォビア．agoraphobia）が挙げられる（Davidson, 2003）．空間恐怖症とは，「閉所恐怖症」や「高所恐怖症」に代表されるように，特定の空間に対する恐怖感のために日常生活に支障をきたす症状である．この意味で，喫煙対策が不十分な職場は受動喫煙症患者にとって「逃げ場のない」場所であり，環境タバコ煙（ETS）による身体被害が繰り返されるうちに予期不安やストレスなどが生じ，結果として空間恐怖症という精神的被害を併発する可能性は否めない．

15.3.3 退職に追い込まれた事例——Cさん：20代，元会社員

Cさんが2000年4月に入社した会社で配置されたフロアは，エレベーター内を除いてあらゆる場所で喫煙が許されていた．そのため，上司・同僚・来客などがタバコを頻繁に吸う「密閉された」環境で業務に従事せざるをえなかった．入社半年後の10月頃，受動喫煙が原因とされる頭痛，鼻閉，吐き気，目の痛みなどの症状が出るようになったが，新人という立場もあり，喫煙者である先輩社員や上司に対して受動喫煙対策の要望ができずに我慢をしていた．

2002年10月に症状が悪化したため，上司に職場の分煙を要望した．ところが上司は「君1人の意見は聞けない．空気を吸うように煙を吸う人もいる．耐えられなければ君が出て行くしかない」と言い，何の対策も実施されなかった．2003年1月頃には，鼻水や咳が止まらないなど身体症状が悪化した．4月には隣席に喫煙者が異動してきたため，さらに受動喫煙被害にあう環境となった．「この職場で働き続けるためにも，喫煙対策をなんとか講じたい」と考えたCさんは，同課所属の女性3名に声を掛け，賛同を得た上で，禁煙ではなくあえて分煙を提案する［職場の分煙対策］の企画書を作成した．しかしその後，保身に徹する彼女達からこの企画書は無視され，会社に提出することはできなかった．

また，Cさんの会社では例年6月に社員慰安旅行が開催されており，その移動バス内での喫煙も容認されていた．2003年の幹事だったCさんは旅行への参加を余儀なくされたため，バスを分煙化する案（2台のバスのうち1台を禁煙車）を幹事長（上司）に提案した．ところが上司からは「わがままを言うな．懇親の旅行なんだぞ．タバコを吸わない人が，吸いたい人と乗りたいと言ったらどうなるんだ」と怒鳴られ，却下されてしまった．

2003年6月にCさんは，会社のトップである理事長から「職場の禁煙は無理だ」と聞かされたこと，身体が限界に達していると認識していたこともあり，理事長に辞意を伝えたが，「対策を講じるから退職は待て」と引き留められた．7月の業務時間中，上司が至近距離で喫煙し，Cさんは風下にいたため4時間半近く環境タバコ煙に暴露され続けた．そのため，その日の帰宅途中で咳が15分間近く止まらず，帰宅後に嘔吐した．Cさんはこの経験から，「もう私の身体は受動喫煙にさらされながら，理事長による喫煙対策を待ち続けることはでき

ない」と判断し，再度退職を申し込んだが受理されなかった．

　その後8月に職場が分煙化されたが，その分煙措置は非常に不十分なものであった．自席喫煙は禁止されたが，事務所内の応接室が喫煙室となり，喫煙室からの煙が常に事務所に流れ込んだ．また，喫煙室と事務所の空調は共通のダクトでつながっていたため，喫煙室の煙は事務所のエアコンから拡散され，結果的には煙が職場中に充満することで受動喫煙被害は続いた．会議室での喫煙も以前と同様に容認されていた．このような環境下で，アレルギー性気管支炎の悪化など受動喫煙症は確実に進行し，Cさんにはもはや退職の道しか残されておらず，2005年3月に退職した．

　退職後も，外出する際は受動喫煙に暴露されないように，細心の注意を払いながらの行動を余儀なくされ，不便な生活を送っている．複数の病院で「アレルギー性気管支炎」および「急性受動喫煙症」の診断を受け，歩きタバコなどでやむをえず環境タバコ煙にさらされると，急性症状（咳，鼻水，軽い吐き気など）が出て非常に苦しい思いをしている．2005年12月には，会社での全く喫煙対策がなされていなかった従事期間（40カ月）と不十分な喫煙対策下での従事期間（20カ月）による健康被害をもとに，労災申請をしているものの，なかなか認定が進まずその対応に苦慮している．

　このようにCさんは，喫煙者中心の職場における受動喫煙被害により，退職せざるをえない状況に追い込まれた．また労災認定においても，受動喫煙に対する法整備の遅れや関係機関の理解不足のために十分な保障を受けられないでいる．

15.4　受動喫煙のない社会環境へ

　本章では，これまで十分に焦点が当ててこられなかった受動喫煙症患者の具体的事例から，職場での受動喫煙が少なからず従業員の健康被害をもたらし，その生活に大きな影響を与えていることをみてきた．労働者を保護するために職場環境の最低基準を定めるものとして労働安全基準法が存在するが，喫煙対策に関しては努力義務にすぎないため，その効果は十分でない．実際，全国5,000事業場を対象にした2009年度の『職場における喫煙対策の実施状況調査』

（中央労働災害防止協会・中央快適職場推進センター，2010）によれば，敷地内禁煙および建物内禁煙について，「実施済み」の事業場は約36％にすぎず，「予定なし」の事業場は約26％を占めた．また，喫煙室/喫煙コーナーを設置している事業場の中で，「屋外排気型」という十分な対策をとっている事業場は約40％に留まった．ここからも，大企業や公的機関などを中心に徐々に受動喫煙対策が進められるようになっている一方，依然として多くの職場では十分に取り組まれていないことがうかがえる．

　ILO（世界労働機関）は2005年に，世界で年間約20万人が職場での受動喫煙によって死亡しており，労働関連死の14％を占めていることを報告した（Takala, 2005）．これを受けて2007年にタイで開かれたWHOのFCTC第2回締約会議では，第8条（受動喫煙の防止）履行のためのガイドラインが採択された．受動喫煙に安全なレベル（閾値）は存在しないため，喫煙エリアの設置や換気措置などでは受動喫煙の危険度を下げることはできず，全面禁煙以外には有効な手段がないことが確認された．そのうえで，全締約国に対し，2010年2月までに受動喫煙を防止するために職場や公共の屋内空間を禁煙化する法律を立法化し，施行することを勧告した．

　ただし，2010年2月の期限を過ぎた現在も，日本では拘束力を持つ法制化はなされていない．このような国の対策の遅れに対して，神奈川県は2010年4月に「神奈川県公共的施設における受動喫煙防止条例」を施行し，地方自治体からの環境改善を目指した．ただし，当初の条例案ではFCTCの受動喫煙ガイドラインが定める屋内公共空間の完全禁煙を盛り込んでいたが，サービス業界（飲食店，宿泊施設，遊技施設など）の強い反発にあい，分煙の承認や猶予期間の設置など，県側が一定の譲歩をする事態になっている（松沢，2009）．

　日本のサービス業界が反対する大きな理由としては，顧客・利用者に対する喫煙制限が売上げ低落につながるのではないかという懸念が挙げられる．ただし，受動喫煙対策の先進国（アイルランド，イギリス，ノルウェー，イタリア，ニュージーランド，フランスなど）では，「バーやレストランなどを含む職場」も喫煙を禁止する空間とされている．これは顧客の視点に立っているのではなく，「そこが働く場である限り」（so far as it is a place of work）という方針の下，従業員の健康権という視点で進められているからである（日本呼吸器学会，

2008)．この意味で，日本の受動喫煙対策が十分に進展していないのは，労働者の健康という視点への認識が弱いことに起因するものと思われる．とりわけ飲食店などのサービス業界で，喫煙が禁止されている未成年者（高校生や大学生）が多く働いていることを鑑みれば，その健康・身体の保護対策は管理者によって早急に取り組まれるべき課題であろう．

　山本（1993）は喫煙による諸被害を「スモークハラスメント」と名付けたが，多様な権力関係が織り込まれた職場はこのスモークハラスメントが発生しやすい環境である．『職場における喫煙意識調査』（禁煙広報センター，2004）によると，上司に「タバコを吸っていいか」と聞かれたときに「断りたくても断れない」と回答した部下が約6割を占めているとされる．職場の喫煙行為には少なからず権力関係が付きまとうのである．たとえ自己の職場内が禁煙であっても，取引先，飲食店，路上，自動車内など喫煙可能な場所で，不本意に受動喫煙被害にあう可能性は低くない．このことを踏まえると，より効果的な受動喫煙対策とは，単に「どこか特定の場所」のみを限定すればよいわけではなく，「人間関係が発生するあらゆる場所」を想定して取り組む必要性があるといえるだろう．

付記）　調査にご協力いただいた当事者の方々，および図を作製いただいた埴淵知哉さん（日本学術振興会特別研究員）に感謝します．なお，本調査は文部科学省科学研究費（特別研究員奨励費 20・611）の助成を受けました．

◆質的方法

　質的方法は，研究対象を質的な側面から分析する方法です．具体的には参与観察やインタビュー，各種資料（文書・映像）などから情報を得るもので，研究対象の統計データなどの入手が困難な場合に有用になります．質的方法の代表的なものの1つに，半構造化インタビュー（semi-structured interview）が挙げられます．これは，事前に主要な質問事項を決めた上で，研究対象者（インフォーマント）に回答を求めながら，その回答次第によってさらに詳細に尋ねる方法です．この方法のメリットは，対象

者の自由な語りを優先することで，調査前の仮説では予想できないような新たな知見を獲得できることです．このためには，調査者が研究対象者に信頼される人間関係を築くことが重要になります．

◆ **健康の地理学**

健康の地理学（health geography）とは，従来の医学地理学の領域を拡大し，近年の社会文化地理学の影響を受けた，「健康」という概念自体を捉え直す新規の分野です．従来の医学地理学では，マラリアやコレラなどの伝染病のように，人間の身体に明らかに影響を及ぼす疾患が中心的なテーマとして取り上げられる傾向にあったのに対して，健康の地理学は，メンタルヘルスなどの精神的な問題のように，疾患か否かの境界線が明らかにしづらい問題も研究課題とします．人間にとって「健康とはどういう状態であるのか」という意識（主観性）の問題を捉え直し，人間の身体の諸現象に関わる地理学的問題を根源的に解明することを目指しています．

[村田陽平]

引用文献

片野田耕太・望月友美子・雑賀公美子・祖父江友孝（2010）：わが国における受動喫煙起因死亡数の推計．厚生の指標，**57**(13)：14-20.

禁煙広報センター（2004）：『職場における喫煙意識調査』(http://www.nikkeibp.co.jp/archives/398/398231.html 2011年10月25日閲覧).

中央労働災害防止協会・中央快適職場推進センター（2010）：『職場における喫煙対策の実施状況調査』(http://www.jaish.gr.jp/user/anzen/sho/shiryo/syokuba_kitsuen_h21.html 2011年10月25日閲覧).

東京都千代田区生活環境課（2003）：『路上喫煙にNO！──ルールはマナーを呼ぶか』，ぎょうせい．

日本学術会議（2008）：『脱タバコ社会の実現に向けて』(http://www.scj.go.jp/ja/info/kohyo/pdf/kohyo-20-t51-4.pdf 2011年8月8日閲覧).

日本禁煙学会（2010）：『禁煙学（改訂2版）』，南山堂．

日本呼吸器学会（2008）：タバコについて考えてみませんか（改訂版）(http://www.jrs.or.jp/

home/uploads/photos/370.pdf 2011年10月25日閲覧).

野村一夫・北澤一利・田中 聡・高岡裕之・柄本三代子 (2003):『健康ブームを読み解く』, 青弓社.

桝本妙子 (2006):『健康社会学への誘い——地域看護の視点から』, 世界思想社.

松沢成文 (2009):『受動喫煙防止条例——日本初, 神奈川発の挑戦』, 東信堂.

村田陽平・埴淵知哉 (2011):保健師による地域診断の現状と課題——「健康の地理学」に向けて. E-Journal Geo, **5**:154-170.

山本由美子 (1993):『スモークハラスメント』, 新風舎.

California Environmental Protection Agency (2005): *Proposed Identification of Environmental Tobacco Smoke as a Toxic Air Contaminant* (http://repositories.cdlib.org/tc/surveys/CALEPA2005/ 2011年10月25日閲覧).

Carmalt, J. and Faubion, T. (2010): Normative approaches to critical health geography. *Progress in Human Geography*, **34**:292-308.

Davidson, J. (2003): *Phobic Geographies: The Phenomenology and Spatiality of Identity*, Ashgate.

Katanoda, K., Marugame, T., Saika, K., Satoh, H., Tajima, K., Suzuki, T., Tamakoshi, A., Tsugane, S. and Sobue, T. (2008): Population attributable fraction of mortality associated with tobacco smoking in Japan: A pooled analysis of three large-scale cohort studies. *Journal of Epidemiology*, **18**:251-264.

Kearns, R. and Moon, G. (2002): From medical to health geography: Novelty, place and theory after a decade of change. *Progress in Human Geography*, **26**:605-620.

Scientific Committee on Tobacco and Health (2004): *Secondhand Smoke: Review of Evidence since 1998* (http://www.dh.gov.uk/prod_consum_dh/groups/dh_digitalassets/@dh/@en/documents/digitalasset/dh_4101475.pdf 2011年10月25日閲覧).

Takala, J. (2005): *Introductory Report: Decent Work, Safe Work*. International Labor Organization: Geneva (http://www.ilo.org/public/libdoc/ilo/2005/105B09_281_engl.pdf 2011年10月25日閲覧).

U.S. Department of Health and Human Services (2006): *The Health Consequences of Involuntary Exposure to Tobacco Smoke: A Report of the Surgeon General* (http://www.surgeongeneral.gov/library/secondhandsmoke 2011年10月25日閲覧).

16　環境正義――高レベル放射性廃棄物処分とアメリカ先住民

16.1　環境正義とは？

　環境正義とは，人種，階級，国籍，ジェンダーなどを理由に弱い立場にある人々が，生活，労働，学習の場で，より大きなリスクを負担してきた不平等や差別を是正し，皆が安全に暮らせる環境と，それを可能にする公正な社会を追求する概念である．有害廃棄物の処分場，鉱山，工場，バスターミナルをはじめとする迷惑施設が，貧しい有色人種の居住と労働の現場に集中している実態について，環境人種差別をキーワードに告発し，その背景に横たわる構造的・制度的な問題点を告発する動きが，1990年代のアメリカにおいて，市民運動や学界で盛んになった（Bullard, 1994；Holifield et al., 2010；Washington et al., 2006）．19世紀末以来，主に中上流階級の白人男性が美しい山や川など自然環境の保護や保全を追求してきたアメリカの環境運動は，社会的な正義の実現を視野に入れることにより，その裾野を大きく広げた（Sandler and Pezzullo, 2007）．

　アメリカ環境正義運動の担い手には，伝統的な環境運動にほとんど無縁だった有色人種や女性が多く含まれている．彼らは国内の諸問題だけでなく，多国籍企業による天然資源開発や森林伐採が引き起こす環境破壊に直面する発展途上国の人々，兵器の実験場や軍事基地の付近や，戦場に生きることを強いられる様々な国の市民にも目を向けてきた．環境人種差別の撤廃と環境正義の実現を目指す連帯は，民族や国を超えて広がっている．

　環境正義運動や研究者たちの働きかけを受け，クリントン（Clinton, W.）大統領が1994年に発令した行政命令12898号は，連邦行政機関が環境正義の視点を政策決定に取り入れるように促し，アメリカ環境行政の大きな転換点になった．連邦環境保護庁のホームページは2010年9月現在，環境正義について「環境に関する法律，規制，政策の作成，実施，施行において，すべての人々が人

種，肌の色，出身国に関係なく，公平な扱いを受け，かつ，実質的に関与すること」と説明している．またその実現には，「皆が，環境と安全に関連した危険要素から同じように保護され，生活，学習，労働の現場で健全な環境を確保するための政策決定のプロセスに，平等にアクセスできること」が必要であると記されている（United States Environmental Protection Agency, nd）．

政府が環境正義問題の存在を認知し組織的に動き始めたことは重要だが，先住民族に対する侵略と虐殺，そして黒人奴隷制度を出発点に発展を遂げた国家の歴史を踏まえ，構造的な人種差別の克服にまで踏み込んだ環境政策を推進するのはなかなか難しい．行政命令の発令から15年以上経った現在も，環境破壊やリスクの最前線には，格差が広がる社会の底辺で差別や貧困に苦しむ人々，闘い続ける人々がいる．

本章では，アメリカにおける高レベル放射性廃棄物の処分を例に，環境正義問題について考察する．高レベル放射性廃棄物の最終処分場や暫定的な中間貯蔵施設の建設候補地は，植民地主義の歴史を背景に辺境に追いやられてきた先住民の生活圏や居留地と地理的に重なっている．ここでは，ネバダ州ヤッカマウンテンを自らの領土であると主張し最終処分場の建設に反対してきたウェスタンショショーニ（Western Shoshone）の闘いと，電力会社から支払われる多額の土地賃貸料を目的に，暫定的に中間貯蔵施設を受け入れようとしてきたユタ州のスカルバレーゴシュートインディアン部族(Skull Valley Goshute Indian Tribe)による誘致活動を取り上げる．高レベル放射性廃棄物の関連施設に対する2つのコミュニティの対応はまったく異なるが，先住民族が放射性廃棄物処分の現場で当事者になってきたことに変わりはなく，環境問題が社会的な差別構造や不平等と直結していることを示している．

16.2 アメリカの高レベル放射性廃棄物政策

具体的な事例の紹介に入る前に，まずは高レベル放射性廃棄物の処分に関する連邦政策について，先住民族との接点にも触れながら説明したい．1950年代に核エネルギーの平和利用，すなわち原子力産業を推進する方針を打ち出して以来，アメリカ政府は，電力と一緒に生産される高レベル放射性廃棄物の処分

問題を先送りにしてきた．行き場のない大量の使用済み核燃料，すなわち高レベル放射性廃棄物が，発電所内に特設された貯蔵プールで増え続けるのを受け，連邦政府は1980年代に入りようやく法整備を開始した．1982年に成立した核廃棄物政策法は，永久処分に関する最終的な責任が連邦政府にあると定め，エネルギー省がその実施主体になった．

　同法はまた，最終処分場ができるまで暫定的に廃棄物を置いておく監視付回収可能貯蔵施設（MRS：monitored retrievable storage）の建設計画も立ち上げた．エネルギー省は1991年にすべての州，郡，部族政府にMRS計画への参加を呼びかけ，受入れを検討する自治体に研究助成金を提供することを伝えた．第1段階の助成金を申請した16件のうち14件の自治体は先住民の居留地だった．この高い割合に着目した運動家たちは，MRS計画が環境正義に反していると反発を強めた（Laduke, 1999）．結局MRS計画は1993年に，連邦議会が予算配分を行わなかったため代替案もないまま打ち切られた．そこで，同じ問題を抱えた複数の電力会社が共同出資を行い，民間核燃料貯蔵社（PFS：private fuel storage）を設立し，廃棄物の暫定的な受入れ先を探すことになった．この際に名乗りを上げ，PFSと共同で連邦政府による認可申請の手続きを開始したのが，スカルバレーゴシュートインディアン部族である．

　1982年の核廃棄物政策法は最終処分場の候補地を具体的には定めず，自治体の自主性に期待する内容だった．最終処分場を自ら受け入れるコミュニティはなく，俗に「ネバダ州いじめ法」と呼ばれる改正法が1987年に成立した．この法律がネバダ核実験場の西南に位置するヤッカマウンテンを国内で唯一の候補地として指定したのを受けて，エネルギー省は必要な諸手続きを，ネバダ州政府の反対にもかかわらず進めた．同州政府は，原子力発電所を1つも持たないネバダ州が冷戦期以来，核実験場の風下に置かれた上に，全米各地で生産される高レベル放射性廃棄物を押し付けられるのは不公平であると強調した．現場の土地に対する所有権を主張し，周辺に複数の独立した居留地を有するウェスタンショショーニをはじめとする地元の先住民や，環境団体も反対運動に加わった．連邦議会は2002年，反対意見を強引に押し切るかたちで，ヤッカマウンテンに永久処分場を建設することを決定した．

　エネルギー省は2020年操業開始を目標に，2008年に最終処分場施設の認可

申請を行った．しかし共和党と民主党の勢力が拮抗していたネバダ州での勝利を目指し，選挙戦中からヤッカマウンテン計画に反対を表明していたバラク・オバマ (Obama, B.) が大統領に就任してから，状況は一転した．2010年2月1日に発表された翌年度の予算教書によると，同計画に関する関連予算はなく，新たに創設された有識者委員会による代替案の検討が始まっている．永久処分の見通しが再び不透明になる一方で，内務省の決断によって2006年に事実上廃案に追い込まれた，ゴシュート居留地における暫定貯蔵計画が再び息を吹き返している．

高レベル放射性廃棄物の永久処分計画を振出しに戻したオバマ大統領だが，原子力発電所の新設には積極的だ．エネルギー省長官は2010年2月，原子力発電所新設時の融資保証を大幅に拡充する方針を発表した (勝田, 2010)．核廃棄物の処分問題が未解決のまま原子力産業を支援する連邦政策が，1950年代から現在に至るまで繰り返されている．アメリカ市民，特に現場に最も近く生活する先住民は，二転三転する連邦政策に翻弄されてきた．

16.3　ヤッカマウンテン計画とウェスタンショショーニの人々

オバマ政権下でヤッカマウンテン計画の中止を発表する以前，エネルギー省はホームページで，なぜこの場所が最終処分場の建設に適しているのかを，次のように説明していた．「ヤッカマウンテンは，ネバダ州ラスベガスから北東約100マイル（約160.9 km）の連邦公有地にある．ヤッカマウンテンには誰も住んでいない．この地域の気候は極めて乾燥している」(石山, 2005)．

たしかに，乾燥した気候にある無人の連邦公有地に高レベル放射性廃棄物を処分するというのは，妥当な政策のように思われる．しかしながら，この場所にはもともとウェスタンショショーニをはじめとする複数の先住民族が狩猟採集をしながら暮らしていた．先住民が「蛇の山」と呼んでいたヤッカマウンテンの周辺地域は，彼らには大切な故郷の一部である．現在，その姿が見られないのは，連邦政府が1863年に締結したルビーバレー条約を履行せず，付近の土地を一方的に連邦公有地と定め，それでもその場所で生活し続けていた人々を，1951年のネバダ実験場の設立時に強制退去させたからに他ならない．土地の大

部分を失った先住民が，季節に合わせて縦横無尽に移動する昔ながらの生活スタイルを維持していくことは極めて困難だ．それでも多くのウェスタンショショーニが，ネバダ州を中心に分散して設立された小規模の居留地に，土地に根ざした民族意識を守りながら暮らしている．エネルギー省による記述には，先住民の文化や歴史に基づく権利を不可視化し，彼らをさらに周縁に追いやる権力構造が垣間見られる．

　ウェスタンショショーニは冷戦時代に始まる反核運動や，1990年代以降の環境正義運動に参加してきた．抵抗運動の基点になったルビーバレー条約で，彼らは，①自らの領土における白人の移動や居住を妨げないこと，②軍隊の駐屯地や郵便局の設置と鉄道の敷設を可能にすること，③天然資源の採掘権を白人に渡し，領土内に設置される複数の居留地に移住することに同意していた．ただし，この条約には土地の売却，貸借，譲渡などに関する記述はまったくない．そのため先住民は，ネバダ実験場やヤッカマウンテンは今でも自分たちの土地であると考えている．高レベル放射性廃棄物の永久処分に抵抗する一連の反対運動は，一方的に奪われ，核実験の現場にもなってきた土地に対する権利を回復する抵抗の延長にある（石山，2008）．

　連邦議会は1946年に，ウェスタンショショーニを含む全米各地の先住民族による，土地の返還を含む様々な要求や苦情に対応するために，インディアン請求委員会を設置した．和解金の支払いにより，土地の権利などに関する問題の解決を目指したのである．同委員会は1978年に解散したが，未解決の事例は合衆国請求裁判所に引き継がれた．ブッシュ（Bush, G.W.）大統領は2004年7月，ウェスタンショショーニが所有していた約2,400万エーカーの土地に対して計上された資金（受託者である先住民に代わって1979年に内務省が受け取り，現在は利息も含め約1億4,500万ドルに膨れ上がっている）を，この民族の血を4分の1以上引く有資格者に分配することを定めたウェスタンショショーニ請求配分法に署名した．提供される現金を受け取るべきだという先住民の声も多く，連邦インディアン局は現金による個人補償に前向きだ．しかしウェスタンショショーニの部族政府機関の大半は，この法案への反対を表明し，土地の売却を一方的に既成事実化しようとするアメリカ政府の政策の不当性を，国際連合人権高等弁務官事務所人種差別撤廃委員会に訴えた．彼らはここで，ヤッカ

マウンテン計画にも具体的に言及し,その人種差別的な側面を強調した(Fishel, 2006-2007). 2006年3月10日,同委員会はウェスタンショショーニの訴えを認め,アメリカ政府は国際的な人権保護の規範に準じ,先住民族の諸権利を尊重するべきであるとの決定を下した (The Committee for the Elimination of Racial Discrimination, 2006).

国際的なレベルにまで発展したウェスタンショショーニの闘いは,自らの領土に対する歴史的な権利を回復しようとする先住民族の執念の象徴でもある. 植民地主義政策により奪われた土地と,その環境を自分たちの手で守る権利を確保することは,ウェスタンショショーニが目指す環境正義なのだ. ヤッカマウンテン計画はオバマ政権下において連邦レベルでの政治的な要因により中止されたが,代替案が提示されているわけではない. 土地の返還に関する具体的な見通しもない. したがって,この場所を故郷とする先住民たちの闘いは,国内外を舞台にこれからも続く.

16.4 スカルバレーゴシュートインディアン居留地の放射性廃棄物暫定貯蔵計画

ネバダ州に隣接するユタ州北西部の砂漠地帯に居留地を持つスカルバレーゴシュートインディアン部族は,文化地理的にウェスタンショショーニと近い関係にあり,言語も共有している. しかし彼らは,放射性廃棄物処分については違う道を選んだ. 最終処分場が確保されるまでの暫定的な貯蔵を目的とする施設を引き受けるために,誘致活動を行ったのである.

同部族は1990年代に連邦政府によるMRS計画に参加し,2回にわたり研究助成金を受領した. この計画が中止になった後は単独で交渉を始め,1997年には民間核燃料貯蔵社 (PFS) と合同事業契約書を取り交わした. 契約書には,4万トンの使用済み核燃料を収納する貯蔵施設が,約30人が生活する居留地の住宅地からわずか3.5マイル (約5.6 km) の位置に建設される旨が記されている. 契約期間は25年間と定められているが,最終処分場建設に遅延が生じた場合には25年間の延長が可能とされている.

部族政府は土地の使用料として入る多額の現金収入と,施設がもたらす雇用

16. 環境正義——高レベル放射性廃棄物処分とアメリカ先住民

図 16.1　スカルバレーゴシュートインディアン居留地
2010 年 10 月　鎌田 遵　撮影.

機会の増大を期待していた．2000年の国勢調査をもとにユタ州政府がまとめた報告によると，この居留地の平均年収はユタ州全体のわずか28.18％で，失業率もきわめて高い．130人足らずの部族人口の大半は都市部に移り住み，居留地に実際に住んでいるのはわずか30人ほどだ．放射性廃棄物施設の誘致は，歯止めのかからない過疎化，アルコール中毒や糖尿病をはじめとする疾病，若者の自殺といった社会問題を抱えながらの苦渋の選択だった（石山，2004）．

　さらに部族政府を追いつめたのが，居留地の地理環境である．居留地を囲んでいるのは複数の産業廃棄物処分場，有害廃棄物焼却場，低レベル放射性廃棄物処分場に加え，連邦政府が半世紀以上にわたり生物化学兵器などの生産・実験・貯蔵・焼却を実施してきた複数の軍事基地，全米の大気汚染企業のトップに立ったこともあるマグネシウム工場である．数々の迷惑施設を受け入れるにあたり，ユタ州やトゥエラ郡は多大な経済利益を受けてきた．その一方で，中心部に位置する居留地は，長年にわたる環境不正義の産物ともいえる地理環境の形成過程に，主体的に参加することも，恩恵を受けることもないまま孤立を深めた．部族政府にとって，高レベル放射性廃棄物を受け入れることは，貧困と過疎化を打開するための唯一の希望だった．ベアー（Bear, L.）部族長（当時）は，「われわれは部族として生き残るために，放射性廃棄物を受け入れるのです」と語った（筆者とのインタビュー．2000年6月14日）．

　部族政府の決断に，レビット（Leavitt, M.）ユタ州知事（当時）をはじめと

する同州の政治家たちは怒りをあらわにした.「ユタ州に核廃棄物を持ち込むのなら,私の死体を踏み越えていけ」という州知事の発言は,新聞やテレビで繰り返し報じられた.これまで数々の迷惑施設を黙って受け入れてきた州政府は,PFS計画に関しては環境保護を訴え強硬に反対した.部族による自治権の下にある居留地の土地利用に関して,州政府が法的な発言権を持たないことに,ユタ州の政治家たちは嫌悪感を隠さなかった.州政府側は,そもそもなぜ部族政府が誘致活動を始めたのか,つまり経済格差と先住民の社会的な孤立という根本的な問題に向き合うことなしに反対の立場をとったのである.

原子力規制委員会は,繰返し開かれた公聴会と大量の資料の審査を経て,2006年2月にPFS計画を認可した.しかし同年9月,連邦政府の信託地でもある先住民居留地の土地利用に関する最終的な権限を有する内務省は,PFS計画の続行を許可しないと発表した.PFSと部族政府は,この決定が不当であるとただちに訴訟を起こしたが,永久処分を目的としたヤッカマウンテン計画が着々と進むなか,メディアがPFS計画の挫折を取り上げることも少なくなり,スカルバレーの居留地は人々の記憶から遠ざかっていった.

居留地にはいくつかのトレーラーと数件の住宅が並ぶのみで,貧困と過疎化は相変わらず深刻だ.PFS計画に反対し続けてきた住民もおり,コミュニティは二分されている.小さな村だからこそ,一度入った亀裂は決定的で,新たに芽生えた憎しみは深い.放射性廃棄物施設の誘致計画は,居留地の共同体を大きく揺るがしている.

そしてヤッカマウンテン計画が白紙撤回された2010年現在,再びPFS計画が注目を集めている.7月27日,ユタ地方裁判所は,居留地におけるPFS計画の中止を命じた2006年の内務省決定を無効とする判決を下した.8月28日,部族の顧問弁護士は地方紙のオピニオン欄に,「ゴシュートには使用済み核燃料を貯蔵するあらゆる権利がある」と題される投書を行い,「使用済み核燃料をスカルバレー居留地に受け入れるかどうかの決断は,ゴシュートの人々が下すべきです.これは彼らの土地なのですから」と結んだ(Vollman, 2010).一方で,20年間にわたり居留地を基点に反対運動を行ってきた女性は,「われわれは今でも反対です.この判決は,われわれがまだ闘い続けなければならないことを示しているだけのことのです」と話した(Fahys, 2010).

環境正義の視点からこの事例を考えるならば，なぜゴシュート部族政府が放射性廃棄物を受け入れる決断を下したのかを問わねばならない．また，残されたわずかな土地である居留地の環境を守るべく，原子力産業だけでなく，自らの部族政府とも闘ってきた反対派の声にも耳を傾けたい．砂漠の居留地に暮らす孤立無援の貧しい先住民族が経済発展を図るにあたり，放射性廃棄物施設を受け入れる以外に選択肢を持ち得ないのは，巨大な富と権力を有する大国において，色分けされた格差が今も広がり続けているからである．

16.5 おわりに

本章では，環境正義問題について考えるにあたり，アメリカ西部の砂漠地帯に住むウェスタンショショーニとスカルバレーゴシュートが，全米規模で展開する高レベル放射性廃棄物処分の問題にいかに関わってきたのかを紹介した．彼らは，放射性廃棄物施設には対照的な対応をみせた．しかし連邦政府の植民地主義的な諸政策により彼らの領土の大部分が奪われたこと，それでも先住民が守り住み続けてきた土地が，国家レベルでの軍備拡張や経済発展による負の遺産を背負ってきたという点は同じだ．

ウェスタンショショーニの人々はネバダ実験場の設立にあたり大切な故郷を追われ，その被曝を目の当たりにした．さらにその場所は，高レベル放射性廃棄物の永久処分の候補地に指定された．居留地の四方を迷惑施設に囲まれたゴシュートの人々は，自らの自治権をかけて夢を未来につなぐ手段が，高レベル放射性廃棄物施設の受入れに限られていた．先住民族が暮らす地理環境には，社会的な不平等や，人種差別的な制度やイデオロギーが再生産されてきた歴史が織り込まれている．環境問題とはすなわち，社会に根深い差別の問題でもあるのだ．

放射性廃棄物の関連施設を無条件に歓迎するコミュニティは存在しない．建設地が決定するプロセスには，科学的・工学的な知識や経験だけではなく，政治経済的・文化的・歴史的・地理的・倫理的な要素が複雑に絡んでくる．環境正義の実現を目指すには，行政や市民が，都市部に集中する電力を大量に消費する人口と，処分場を受け入れる地域の住民との間にある利益とリスクの配分，

不平等な空間構築に内在する様々なかたちの差別について，過去・現在・将来にわたる長いタイムスパンで考えていくことが必要である．

付記）本稿を執筆してから約半年後の 2011 年 3 月 11 日に，東日本大震災が起き，福島第一原子力発電所の大事故が発生した．原子力発電所の立地，ホットスポットとなった村々，今や世界中に名を知られたフクシマに生きる人々の経験は，生活と健康，経済的な側面においても極めて困難であり，悲しみと怒りは筆舌に尽くしがたい．

ひとたび事故が起これば原子力施設付近の住民は故郷を喪失し，共同体は崩壊の危機にさらされる．フクシマの事故は原子力発電がもたらす利益とリスクの配分における不平等，国策として発展してきた原子力産業が作り出す権力と差別の構造をさらけだした．無惨な姿をさらす事故現場と，家畜の死骸や放射性物質にまみれた瓦礫が取り残され人影のない近隣の村々の景観に，われわれは何を読み込むことができるのだろうか．クリーンエネルギーや平和利用といった，原子力産業とこれを後押ししてきた国が多用してきた言葉は，フクシマにおいてあまりに無力である．まずは，社会的な弱者の声が切り捨てられていくメカニズム，差別と格差の再生産のプロセスといった，環境正義運動が問いかけてきた諸問題に向き合う必要がある．

◆ 環 境 論

　われわれを取り巻く環境について考えるとき，地理的な景観や空間の構成要素全般を多角的にみることが重要です．環境問題は地形，気候，土壌，動植物といった自然地理学的な側面に加え，人文地理学的な視点からみた人々の社会的・文化的な営みや歴史的な経験，政治経済構造や法的な制度ともつながっています．よって，社会に内在する不平等や差別は，われわれが生活する環境にも深く関わっています．グローバル化が進む現在，地球規模から地域レベルにいたるまでの様々なレベルで格差が広がっています．そして人種，階級，国籍，ジェンダーなどの要因により弱い立場に置かれた人々が，環境破壊やリスクの最前線で生活しているのです．

［石山徳子］

引用文献

石山徳子（2004）：『米国先住民族と核廃棄物——環境正義をめぐる闘争』，明石書店．

石山徳子（2005）：ヤッカ・マウンテン．『現代アメリカのキーワード』（矢口祐人・吉原真里編），pp.353-357，中央公論新社．

石山徳子（2008）：ネバダ実験場とヤッカ・マウンテン——核の空間構築と人種主義．アメリカ研究，**42**：57-76．

勝田敏彦（2010）：米原発 政府保証を増額．朝日新聞（2010年2月2日 夕刊）．

Bullard, R. D. ed. (1994): *Unequal Protection: Environmental Justice and Communities of Color*, Sierra Club Books.

Fahys, J. (2010): Judge's ruling may boost nuke storage in Utah. *Salt Lake Tribune* (2010, July, 27).

Fishel, J. A. (2006-2007): United States called to task on indigenous rights: The Western Shoshone struggle and success at the international level. *American Indian Law Review*, **31**: 619-650.

Holifield, R., Porter, M. and Walker, G. eds. (2010): *Spaces of Environmental Justice*, Wiley-Blackwell.

Laduke, W. (1999): *All Our Relations: Native Struggles for Land and Life*, South End Press.

Sandler, R. and Pezzullo, P. C. eds. (2007): *Environmental Justice and Environmentalism: The Social Justice Challenge to the Environmental Movement*, MIT Press.

The Committee for the Elimination of Racial Discrimination, Office of the United Nations High Commissioner for Human Rights, Sixty-eighth Session, Geneva, 20 February-10 March 2006, Early Warning and Urgent Action Procedure, Decision 1(68).

United States Environmental Protection Agency (nd): Environmental justice (http://www.epa.gov/environmentaljustice/index.html 2010年9月30日閲覧）．

Vollman, T. (2010): The Goshutes have every right to store spent fuel. *Salt Lake Tribune* (2010, August, 28).

Washington, S. H., Rosier, P. C. and Goodall, H. eds. (2006): *Echoes from the Poisoned Well: Global Memories of Environmental Injustice*, Lexington Books.

索　引

GIS　122, 134
GPSテレメトリー調査　74
HACCP　85
IUCN　161
NIMBY　43, 44
SATOYAMAイニシアティブ　60

あ　行

アイデンティティ　145
アイヌ民族　161
悪影響　153
アクセス　52, 93
アグリツーリズム　162
アサザ基金　32
遊び行動　101
遊び仲間　110, 111
遊び場　111
安政南海地震　22
アンダーユース　64
石積み　71
移動観測　1
移動スーパー　98
イノシシ　70, 73, 74
　　海を泳ぐ——　77
イノシシ被害　71
医療機関　98
岩手・宮城内陸地震　20
因子分析　125, 129, 134, 135
インナーシティ　90
インパクト　153, 158
ウェスタンショショーニ　179, 181
海風　8
海を泳ぐイノシシ　77
衛生環境　124, 134
営農意欲の低下　44
営農環境の悪化　36, 45
栄養価　78
エコツアー　151
エコツーリズム　151

エコロジー　153
エスニシティ　34
エスニックツーリズム　158
援農　41
エンパワメント　147
大型店舗の出店規制　97
沖縄　138
奥山　70
オーセンティシティ　144
オバマ, バラク　181
オーバーユース　64
小平尾断層　19
オペレーションズリサーチ　122
オルターナティブツーリズム　153
音波探査　20

か　行

外国人労働者　91
介護保険　97
外材輸入　50
海底活断層　22
海底地形データ　21
ガイドライン　154
買い物行動　95
買い物弱者　90
買い物代行サービス　98
買い物難民　90
外来種　79
核家族化　97
格差　91
核廃棄物政策法　180
貸農園　41
果樹産地　39
霞ヶ浦［茨城県］　28, 30
風の道　8
過疎化　52, 73, 78
過疎地域　55, 93
過疎地域自立促進特別措置法　55
家畜糞尿　36
学校適正配置　113

学校配置計画立案支援システム　122
活褶曲　19
活断層　12
神奈川県公共的施設における受動喫煙防止条例　174
カモシカ　70
ガラパゴス諸島　157
カルチュラルツーリズム　158
環境教育活動　32
環境事業　32
環境社会学　152
環境人種差別　178
環境心理学　102
環境正義　178, 179, 186
環境正義運動　182
環境選択　74
環境タバコ煙　166, 171
環境地理学　162
環境問題　56, 58
環境問題論争　34
環境論　187
観光　143
観光客　155
観光資源　145
観光対象　157
観光媒体　156

気温上昇率　1
気温日較差　1
気候学　1, 11
疑似イベント　143
基地づくり　104, 105
喫煙　164
起伏量　70
規模需要　115, 118
規模要件　114, 121
教育社会学　102
共生　70
挙家離村　49
近接需要　115, 118
近接需要指標　116
近接要件　114, 121

190　　　　　　　　　索　引

空間　34
空間恐怖症　171
空間行動　102
空間的拡散　124, 125, 128
クマ　70, 77
グリーンシップ・アクション　66
グリーンツーリズム　162
クールアイランド効果　9

景観　29, 34
経済合理性　97
経済連携協定　51
芸能　139
計量地理学　134
限界集落　54
堅果類　75
兼業　40
兼業農家　38
健康　164
　　──の地理学　164, 176
健康権　174
圏構造　70, 73
健康増進法　164, 167, 169
原子力規制委員会　185
原子力発電所　13, 19, 43, 44, 80
原発耐震審査　19

公益的機能　53
公共サービス　52
公共事業　26
耕作放棄　57, 63
耕作放棄地　40, 56, 73-75
構築主義　27
交通弱者　91
高度経済成長期　63
小売チェーン　98
高齢化　49, 78
高齢者　91
国際エコツーリズム年　154
子ども道　108
コミュニティ　46, 146
　　──からの孤立　95
コメの生産調整　63
コモディティフェティシズム　87
コレラ　124
混住化　37
コンビニエンスストア　94

さ　行

最大通学距離　121
採択率　115, 118
最適配置計画　113
サウアー, カール　140
サステナブルツーリズム　153
佐渡海盆東縁　20
里地　61, 70, 73
里地里山　61
里山　51, 60, 70
里山回廊　65
里山づくり　32
里山農業環境　61
里山保全　65
里山林　61
サハリン北部地震　16
サル　70, 77
産業廃棄物　43
山村地理学　59

ジェンダー　34
シカ　70, 77
市街化区域　37
滋賀県比良山地　72
自給的農家　42
シシ追い　71
シシ垣　71
地震断層　14, 18
地震調査研究推進本部　14
地震本部　14
地震予測　12
自然経済　53
自然災害　23
自然再生活動　32
自然生態系　53
自然的環境　105
自然保護運動　30
質的方法　175
市民運動　27
市民農園　41
市民の参加　33
社会からの孤立　92
社会地理学　34, 101
社会の責任　13
社会的説明　22
社会的排除問題　90
社会問題　34
『社会問題の構築』　27

弱者排除の構図　98
修景　141
集合被覆問題　113
充足率　115, 117, 121
周辺型経済　49
集落システム　54
受動喫煙　172, 174, 175
受動喫煙症　165, 167-169, 173
受動喫煙症患者　173
主流煙　166
小学校群　116
貞観地震　21
商業地理学　98
小中学校の統廃合　113
消毒作業　38
小豆島［香川県］　71
商品化　143
商品経済　53
植生地理学　68
食の安心　82
食の安全　81
食品安全基本法　85
食品衛生法　85
食品偽装　83
食品事故　80, 84
食品情報　85
　　──の信頼性　85
　　──の取扱い　86
食品摂取の多様性得点　96
食料の安定供給　81, 86
人工排熱　6
人工林業　57
震災の帯　15
宍道湖［島根県］　26
新住宅市街地開発事業　64
新宿御苑［東京都］　9
真正性　144
人頭税　143
人文主義地理学　103
森林の多面的機能　51

水質汚濁　36
水田　75
水利環境　38
数理計画法　115
スカルバレーゴシュートインディアン部族　179, 183
スケールの政治　27
図師・小野路地区［東京都］　65

索　引　　　　　　　　　　　　　　　　　191

スーパーストア　91
スピードスプレヤー　38
棲み分け　70
スモークハラスメント　175

生活環境　52,147
生協の宅配サービス　94
政策提言　46
政治的自律性　50
生鮮食料品店　93
生鮮野菜消費量　95
生態系　60,153
生物圏　79
生物多様性　51,60
　──の危機　60
　──の保全　60
生物多様性条約　51
生物地理学　79
世界遺産　79,157
世界自然保護連合　161
全国町並み保存連盟　146
先住民族エコツーリズム　161
先住民族ツーリズム　158
仙田　満　106

相貌的知覚　102,106,110
造林ブーム　57
ソフトツーリズム　153

　　　　た　行

ダイオキシン類　44
代替燃料　58
第2種兼業農家　38
台湾中部地震　16
竹富島［沖縄県］　138
竹富島憲章　146
タケノコ　74
他出子　41
多田文男　12
棚田の保全　57
種子取祭　139
タバコ　164
タバコ規制枠組み条約　167
多摩丘陵［東京都］　62
多摩ニュータウン［東京都］　64
淡水化事業　29
断層変位地形　12

地域　34

　──の多様性　67
地域環境　165
地域還元施設　43
地域コミュニティ　97
地域づくり　68
地域における歴史的風致の維持
　及び向上に関する法律
　146
地域労働市場　53
地球温暖化　1
地球環境問題　51
地形営力論的研究　12
地形学　23
地形発達史的研究　12
知的能動性　96
千葉徳爾　107
地方都市　93
魑魅魍魎　109
中越沖地震　13
中越地震　19
中山間地域直接支払い制度　57
鳥獣害　45
直売　40
千代田区［東京都］　165
地理教育　111
地理情報システム　122

通学距離　114
通学限界範囲　114
通風環境　38
創られた伝統　142
土積み　71
津波予測　12

低栄養問題　94
低所得者層　91
手描き地図　102
適正環境収容力　157
デマンド交通　98
伝統　141,143
伝統的建造物群保存地区　138
伝統の知恵　155

トゥアン，イー・フー　103
東南海地震　22
東北地方太平洋沖地震　21
独立関係　116
都市化　105
都市計画法　37

都市工学　1
都市スプロール　37
都市の構造変容　97
土地区画整理事業　64
土地所有問題　58
土地持ち非農家　42
トポフィリア　103
トレンチ掘削調査　13
ドローネ三角網　116

　　　　な　行

中海［島根県］　26
中海干拓事業　26
中浦水門［島根県］　30
南海地震　22
南海トラフ　22

新潟県中越沖地震　13,19
新潟県中越地震　19
二次林　61
偽物　142
日射エネルギー　7
日照時間　38
日本民藝協会　139
人間活動　79
認知地図　101

熱帯夜　5
ネバダ実験場［アメリカ］　181,
　　186
燃料革命　63

農業講習　42
農業集落カード　141
農業体験農園　42
農業地理学　88
農業への理解　40
農産物輸入　50
農村　36
農村計画　46
農村景観　46
農村地理学　46
農地管理　45
農地転用　40
野島断層　14

　　　　は　行

廃村　54
ハサップ　85

索引

場所　28, 34
発ガン物質　165
ハビタット　158
阪神淡路大震災　13
販売農家　38

東日本大震災　12, 21, 44, 80
必須学校　116, 117
ヒートアイランド　1
ヒートアイランド強度　5
肥満　92
秘密基地　103, 111
「ひみつきち」　104, 105
兵庫県南部地震　14
比良山地［滋賀県］　72
肥料革命　63
貧困問題　91
品質の保証　81
ヒンプン　140

ファーストフード店　92
風評　44
副流煙　166
不在村者所有林　57
不在村所有者　58
不動産経営　40
フードシステム　80, 81
フードチェーン　80
　──の信頼性　85
　──の長大化　83
フードデザート　90
フードデザートマップ　94
負の外部性　36
不法投棄事件　42, 44
文化　141
　──の客体化　147
文化景観　140
文化財保護法　138

文化財保護法改正　145
文化人類学　152
文化地理学　101, 148

平成大合併　50
ベッドタウン　93
ヘリテッジツーリズム　158
変動地形　12

宝永地震　22
放射性廃棄物　179-181, 184, 186
放射性廃棄物処分　183
放射性物質　44
放射冷却　5
放置竹林　74
訪問者　155, 156
補完関係　116
北海道　159
ボランティア　66
本庄工区［島根県］　28
本物　142

ま　行

マスツーリズム　153
町田歴環管理組合　66

民芸　139

六日町盆地西縁断層　19

迷惑施設　43
メンタルマップ　102

もぎ取り　40
モータリゼーション　97
モニタリング　158

や　行

八重山［沖縄県］　138
屋久島［鹿児島県］　157
野生動物　57
ヤッカマウンテン［アメリカ］　179, 181
谷戸　62
谷戸田　63

有害物質の混入　81
遊休農地　42
湧水　62

要注意断層　14
ヨシの植栽活動　29

ら　行

利害関係者　34
リゾート開発　139
緑地　8
林床植物　78
リンチ，ケビン　101

ルビーバレー条約　181
ルーラルツーリズム　162

冷気流出　10
歴史環境保全地域　66
歴史まちづくり法　146
レトロフード　94
労働安全基準法　173
労働集約化　41
路上禁煙地区　164
六甲断層　14
ロングユース　64

編著者略歴

杉浦 芳夫(すぎ うら よし お)
1950年　愛知県に生まれる
1978年　名古屋大学大学院文学研究科
　　　　博士課程満期退学
現　在　首都大学東京都市環境学部教授
　　　　理学博士

地域環境の地理学

2012年3月30日　初版第1刷
2012年7月30日　　　第2刷

定価はカバーに表示

編著者　杉　浦　芳　夫
発行者　朝　倉　邦　造
発行所　株式会社　朝　倉　書　店
　　　　東京都新宿区新小川町 6-29
　　　　郵便番号　162-8707
　　　　電話　03(3260)0141
　　　　FAX　03(3260)0180
　　　　http://www.asakura.co.jp

〈検印省略〉

© 2012〈無断複写・転載を禁ず〉　　　教文堂・渡辺製本

ISBN 978-4-254-16350-6　C 3025　　Printed in Japan

JCOPY　〈(社)出版者著作権管理機構 委託出版物〉

本書の無断複写は著作権法上での例外を除き禁じられています．複写される場合は，そのつど事前に，(社)出版者著作権管理機構（電話03-3513-6969，FAX 03-3513-6979，e-mail: info@jcopy.or.jp）の許諾を得てください．

法大 後藤公彦著
環 境 経 済 学 概 論
―エコロジーと新しい経営戦略―
54003-1 C3033　　　　　A5判 112頁 本体2300円

地球・自然環境，生命環境，社会環境の3つを統合的に捉えた環境問題は今後の社会・経済に大きな影響を及ぼす。本書では個々の問題点を明らかにし，どう取り組み，解決したらよいか，につき外部不経済の意味を明示しながら具体的に解説

産業技術研 近藤裕昭著
応用気象学シリーズ8
人 間 空 間 の 気 象 学
16708-5 C3344　　　　　A5判 164頁 本体4000円

人間生活にもっとも関係深い地表付近の大気境界層で起こる気象現象を，関連諸分野に応用がきくよう具体的に解説。〔内容〕大気境界層の理論/不均一な地表面の影響(局地風，山谷風，海陸風など)/都市環境(熱収支，ビルキャノピーなど)

前東大 茂木清夫著
地 震 の は な し
10181-2 C3040　　　　　A5判 160頁 本体2900円

地震予知連会長としての豊富な体験から最新の地震までを明快に解説。〔内容〕三宅島の噴火と巨大群発地震/西日本の大地震の続発(兵庫，鳥取，芸予)/地震予知の可能性/東海地震問題/首都圏の地震/世界の地震(トルコ，台湾，インド)

富士常葉大 杉山恵一・東農大 中川昭一郎編
農村自然環境の保全・復元
18017-6 C3040　　　　　B5判 200頁 本体5200円

ビオトープづくりや河川の近自然工法など，点と線で始められた復元運動の最終目標である農村環境の全体像に迫る。〔内容〕農村自然環境復元の現状と特質/農村自然環境復元の新たな動向/農村自然環境の現状と復元の理論/農村自然環境復元の実例

東大 武内和彦著
ランドスケープエコロジー
18027-5 C3040　　　　　A5判 260頁 本体4200円

農村計画学会賞受賞作『地域の生態学』の改訂版。〔内容〕生態学的地域区分と地域環境システム/人間による地域環境の変化/地球規模の土地荒廃とその防止策/里山と農村生態系の保全/都市と国土の生態系再生/保全・開発生態学と環境計画

奈良女大 野田　隆・大阪教育大 奈良由美子編著
生活環境学ライブラリー1
情 報 生 活 の リ テ ラ シ ー
60621-8 C3377　　　　　A5判 196頁 本体2800円

生活における情報利用を考える。〔内容〕〈基本的リテラシー〉生活システム/情報行動/生活リスク情報/集団/法情報〈メディア〉インターネット/情報倫理〈情報行動〉家庭生活/IT下での労働/余暇/消費者〈特殊環境下〉被災システム/他

日本家政学会生活経営学部会編
福 祉 環 境 と 生 活 経 営
―福祉ミックス時代の自立と共同―
60015-5 C3077　　　　　A5判 192頁 本体2800円

生活を取巻く家族，地域，企業，行政の状況を分析し，主体的かつ安定的な生活形成を提言。〔内容〕今なぜ生活者の自立と共同か/家族・地域の中での自立と共同/福祉における産業化と市民化/企業社会の変容と生活保障/時代を拓く自立と共同

東京成徳大 海保博之監修
元早大 佐古順彦・武蔵野大 小西啓史編
朝倉心理学講座12
環 境 心 理 学
52672-1 C3311　　　　　A5判 208頁 本体3400円

人間と環境の相互関係を考察する環境心理学の基本概念およびその射程を提示。〔内容〕〈総論：環境と人間〉起源と展望/環境認知/環境評価・美学/空間行動/生態学的心理学/〈各論〉自然環境/住環境/教育環境/職場環境/環境問題

青学大 岡部篤行・南山大 鈴木敦夫著
シリーズ〈現代人の数理〉3
最 適 配 置 の 数 理
12606-8 C3341　　　　　A5判 184頁 本体3400円

ボロノイ図(130)を用いて高校程度の数学的素養があれば充分理解できるよう平易に解説。〔内容〕ポストの最適配置/中学校配置の評価/移動図書館問題/石焼いも屋問題/シュタイナー問題/定期市問題/バス停問題/アイスクリーム屋台問題

国際医療福祉大 千葉百子・福岡県大 松浦賢長・東大 小林廉毅編
コンパクト 公衆衛生学 (第4版)
64036-6 C3077　　　　　B5判 148頁 本体2900円

好評の第3版を改訂。基本的事項を図・表・イラストを用い親しみやすく解説した，簡便かつ充実したテキスト。〔内容〕人口問題と出生・死亡/空気，水と健康/環境汚染と公害/公衆栄養，食品保健/感染症とその予防/精神保健福祉/他

筑波大 村山祐司編
シリーズ〈人文地理学〉1
地理情報システム
16711-5 C3325　　　　A5判 224頁 本体3800円

GIS(地理情報システム)のしくみを説明し、地理学での利用の有効性を解説。〔内容〕GISの発展／構成と構造／地理情報の取得とデータベース／空間解析／ジオコンピュテーション／人文地理学への応用／自然環境研究への応用／これからのGIS

筑波大 村山祐司編
シリーズ〈人文地理学〉2
地 域 研 究
16712-2 C3325　　　　A5判 216頁 本体3800円

学際的色彩の濃い地域研究の魅力を地理学的アプローチから丁寧に解説。〔内容〕地域研究の発展と地理学／地域研究の方法／地域調査の重要性／発展途上世界・先進世界の地域研究／社会科学の中の地域研究／地域研究と地域政策／課題と将来

首都大 杉浦芳夫編
シリーズ〈人文地理学〉3
地 理 空 間 分 析
16713-9 C3325　　　　A5判 216頁 本体3800円

近年の空間分析に焦点を当てて数理地理学の諸分野を概説。〔内容〕点パターン分析／空間的共変動分析／可変単位地区問題／立地―配分モデル／空間的相互作用モデル／時間地理学／Q―分析／フラクタル／カオス／ニューラルネットワーク

大阪市大 水内俊雄編
シリーズ〈人文地理学〉4
空 間 の 政 治 地 理
16714-6 C3325　　　　A5判 232頁 本体3800円

空間の広がりやスケールの現代政治・経済への関わりを地理学的視点から見直す。〔内容〕地政学と言説／グローバル(ローカル)なスケールと政治／国土空間の生産と日本型政治システム／社会運動論と政治地理学／「自然」の地理学／他

大阪市大 水内俊雄編
シリーズ〈人文地理学〉5
空 間 の 社 会 地 理
16715-3 C3325　　　　A5判 192頁 本体3800円

人間の生活・労働の諸場面で影響を及ぼし合う「空間」と「社会」—その相互関係を実例で考察。〔内容〕社会地理学の系譜／都市インナーリング／ジェンダー研究と地理／エスニシティと地理／民俗研究と地理／寄せ場という空間／モダニティと空間

首都大 杉浦芳夫編
シリーズ〈人文地理学〉6
空 間 の 経 済 地 理
16716-0 C3325　　　　A5判 196頁 本体3800円

ボーダレス時代の経済諸活動が国内外でどのように展開しているかを解説。〔内容〕農業産地論／産業地論／日本の商業・流通／三大都市圏における地域変容／グローバル経済と産業活動の展開／国内・国際人口移動論／観光・ツーリズム

法大 中俣 均編
シリーズ〈人文地理学〉7
空 間 の 文 化 地 理
16717-7 C3325　　　　A5判 192頁 本体3800円

文化によって空間に付与された多元的な意味を読み解くーーこれからの文化地理学の方向性を提示。〔内容〕新しい文化地理学へ／認識としての文化／メンタルマップ／現代メディア空間／「空間」の政治学／変わりゆく文化・人間概念／民俗文化

大阪市大 水内俊雄編
シリーズ〈人文地理学〉8
歴 史 と 空 間
16718-4 C3325　　　　A5判 208頁 本体3800円

多彩な歴史的アプローチから地域，都市，空間を考察して地理学の魅力を提示。〔内容〕古代空間の地理的イメージ／「条里制」研究から何が見えるか／近世社会と空間／古地図・絵図の世界／社会経済史研究と地理学／空間論と歴史研究／他

法大 中俣 均編
シリーズ〈人文地理学〉9
国 土 空 間 と 地 域 社 会
16719-1 C3325　　　　A5判 220頁 本体3800円

グローバルな環境問題を見据え日本の国土・地域開発政策のあり方と地理学の関わりを解説。〔内容〕地球環境と日本国土／戦後日本の国土開発政策／都市化社会の進展／過疎山村の変貌／地方分権時代の国土・地域政策／21世紀の地域社会創造

筑波大 村山祐司編
シリーズ〈人文地理学〉10
21 世 紀 の 地 理
—新しい地理教育—
16720-7 C3325　　　　A5判 196頁 本体3800円

理念や目標，内容，効果，世界の動向に重点を置き，地理教育のあり方と課題を未来指向で解説。〔内容〕地理教育の歩み／地理的な見方・考え方／地理教育の目標／地理教育の内容／地理教育の方法／地理教育先進国の動向(米・英)／課題と将来

首都大 菊地俊夫編 世界地誌シリーズ1 **日　　　　　　本** 16855-6　C3325　　　B5判 184頁 本体3400円	教員を目指す学生のための日本の地誌学のテキスト。自然・歴史・産業・環境・生活・文化・他地域との関連を例に，各地域の特色を解説する。〔内容〕総論／九州／中国・四国／近畿／中部／関東／東北／北海道／世界の中の日本
学芸大 上野和彦編 世界地誌シリーズ2 **中　　　　　　国** 16856-3　C3325　　　B5判 180頁 本体3400円	教員を目指す学生のための中国地誌学のテキスト。中国の国と諸地域の地理的特徴を解説する。〔内容〕多様性と課題／自然環境／経済／人口／工業／農業と食糧／珠江デルタ／長江デルタ／西部開発と少数民族／都市圏／農村／世界の中の中国
学芸大 加賀美雅弘編 世界地誌シリーズ3 **Ｅ　Ｕ** 16857-0　C3325　　　B5判 164頁 本体3400円	教員を目指す学生のためのヨーロッパ地誌学のテキスト。自然，工業，観光などのテーマごとに，特徴のあるEU加盟国を例として解説する。〔内容〕総論／自然・農業／工業／都市／観光／移民／民俗／東欧／生活／国境／世界とEU
学芸大 矢ケ﨑典隆編 世界地誌シリーズ4 **ア　メ　リ　カ** 16858-7　C3325　　　B5判 176頁 本体3400円	教員を目指す学生のためのアメリカ地誌学のテキスト。生産様式，生活様式，地域が抱える諸問題に着目し，地理的特徴を解説する。〔内容〕総論／自然／交通・経済／工業／農業／多民族社会／生活文化／貧困層／人口構成／世界との関係
国土地理院 政春尋志著 **地　図　投　影　法** ―地理空間情報の技法― 16348-3　C3025　　　B5判 224頁 本体4000円	地図作製や測量に必須な投影法の正しい基礎概念と最新の手法をコンピュータを活用しながら習得〔内容〕投影法の基礎／投影法の分類／正積図法／正角図法／投影法各論／ティソーの指示楕円による投影ひずみ分析／横軸法，斜軸法への変換／他
埼玉大 浅枝　隆編著 **図説 生 態 系 の 環 境** 18034-3　C3040　　　A5判 192頁 本体2800円	本文と図を効果的に配置し，図を追うだけで理解できるように工夫した教科書。工学系読者にも配慮した記述。〔内容〕生態学および陸水生態系の基礎知識／生息域の特性と開発の影響（湖沼，河川，ダム，汽水，海岸，里山・水田，道路など）
前農工大 小倉紀雄・九大 島谷幸宏・大阪府大 谷田一三編 **図説 日　本　の　河　川** 18033-6　C3040　　　B5判 176頁 本体4300円	日本全国の52河川を厳選オールカラーで解説〔内容〕総説／標津川／釧路川／岩木川／奥入瀬川／利根川／多摩川／信濃川／黒部川／柿田川／木曽川／鴨川／紀ノ川／淀川／斐伊川／太田川／吉野川／四万十川／筑後川／屋久島／沖縄／他
東大 平田　直・東大 佐竹健治・東大 目黒公郎・前東大 畑村洋太郎著 **巨 大 地 震・巨 大 津 波** ―東日本大震災の検証― 10252-9　C3040　　　A5判 208頁 本体2600円	2011年3月11日に発生した超巨大地震・津波を，現在の科学はどこまで検証できるのだろうか。今後の防災・復旧・復興を願いつつ，関連研究者が地震・津波を中心に，現在の科学と技術の可能性と限界も含めて，正確に・平易に・正直に述べる。
日本都市計画学会編 **60プロジェクトによむ 日本の都市づくり** 26638-2　C3052　　　B5判 240頁 本体4300円	日本の都市づくり60年の歴史を戦後60年の歴史と重ねながら，その時々にどのような都市を構想し何を実現してきたかについて，60の主要プロジェクトを通して骨太に確認・評価しつつ，新たな時代に入ったこれからの都市づくりを展望する。
東京海洋大 刑部真弘著 **エ ネ ル ギ ー の は な し** ―熱力学からスマートグリッドまで― 20146-8　C3050　　　A5判 132頁 本体2400円	日常の素朴な疑問に答えながら，エネルギーの基礎から新技術までやさしく解説。陸電，電気自動車，スマートメーターといった最新の話題も豊富に収録。〔内容〕簡単な熱力学／燃料の種類／ヒートポンプ／自然エネルギー／スマートグリッド

上記価格（税別）は 2012 年 6 月現在